黙殺

報じられない〝無頼系独立候補〟たちの戦い

畠山理仁

集英社文庫

はじめに

本書は「選挙」に立候補する人たちにスポットを当てたものだ。とりわけ、新聞・テレビなどのマスメディアからは「黙殺」されがちな候補者たちを追っている。

「選挙」は民主主義の根幹を成す大イベントだ。選挙には、法律で決められた国籍・年齢・供託金などの要件を満たせば誰でも立候補でき、平等な扱いを受けることになっている。日本のような代議制民主主義の社会においては、立候補者は有権者の思いを体現する「分身」としての役割を担っており、彼・彼女らがいなければ現代の社会は成り立たない。

だが、現実には自分で立候補する人は多くない。今の日本社会においては、立候補へのハードルは社会的にも経済的にも高く、落選で失うものがあまりにも大きいからだ。

そんな中、すべての立候補者はリスクを負い、選挙に挑む。

一方で有権者は、そうした「選択肢」の中から一人を選ぶ。

世の中には、自分とまったく同じ考えを持つ人などいない。その中で自分により近い候補者を探すのは至難の業だ。そのことを考えれば、有権者が自分の「分身」を選ぶ際には、選択肢は多様なほうがよいはずだ。そもそも自分自身は怖くて立候補できないのだから。

しかし、立候補はしたものの、選挙報道される段階になると、あらかじめ切り捨てられ、「黙殺」されてしまう人たちがいる。何ものにも頼らず、独自の戦いを続ける無名の新人候補たちだ。

世間の人たちは、彼・彼女らを侮蔑のニュアンスを含めて「泡沫《ほうまつ》候補」と呼ぶ。だが、私はこの呼称には到底納得できない。だから、私は敬意を込めて「無頼系独立候補」と呼んでいる。

ここで一つの数字を紹介したい。

「97％対3％」

これは2016年7月31日に執行された東京都知事選挙の際、民放テレビ4社の看板ニュース番組が立候補者たちの報道に割いた放送時間の割合だ（7月18～22日、幸福実現党による調査）。

21人が立候補したが、97％は「主要3候補（小池百合子《こいけゆりこ》、増田寛也《ますだひろや》、鳥越俊太郎《とりごえしゅんたろう》）」、3％は「その他の18候補」の合計である。NHKではこの割合が「54％対46％」になるが、それでも「その他の18候補」の扱いは「主要3候補」に及ばない。

私はフリーランスライターとして、20年近く選挙の取材を続けてきた。その際、できる限りすべての立候補者に接触を試み、彼らの活動や掲げる政策を一人でも多くの有権者に届けようとしてきた。

なぜか。

それは、すべての候補者が同額の、決して安くはない供託金を支払い、対等な立場で立候補しているからだ。

選挙報道に関わる者のスタンスには様々なものがあると思うが、私は立候補者の主張を可能な限り平等に有権者に伝えることが、その任務を負った者のスタート地点であると考えている。また、「多様な選択肢」をあらかじめ切り捨ててしまうことは、社会にとって「もったいない」とも感じている。

無頼系独立候補は「変わった人」「目立ちたがり屋」「怖い人」などと捉えられがちだ。しかし、実際に会ってみると、人間的にもユニークでパワフル、チャーミングで真面目な人が多い。キラリと光るアイデアや、のちに社会に採用される政策を訴えていた人もいる。自分が一票を投じるかどうかは別として、こうした提言を社会が広くシェアして未来の政治に生かしていくことは有益ではないだろうか。

生身の候補者一人一人にはドラマがある。誰もが命をかけて自分の主張を訴えている。選挙に敗れても、何度でも立ち上がり、「次こそは」とまた新たな戦いに挑戦する。底抜けに明るい彼・彼女らは、間違いなく私たちの「分身」だった。

本書は、そんな候補者たちの人生を追いかけた記録である。

目次

第三章　東京都知事候補　21人組手

黙殺

報じられない〝無頼系独立候補〟たちの戦い

第一章 マック赤坂という男

選挙活動中のマック赤坂候補
（左から、ニコニコ生放送出演時、梅田の地下街、道頓堀にて）

踊り続ける男

男は今日も踊っていた。

1日に300万人以上が利用する首都・東京のターミナル駅、渋谷。JR、京王、東急、東京メトロの4社9路線が乗り入れる駅前の広場には、誰もが知っている待ち合わせの名所・忠犬ハチ公像がある。多くの人が思い思いに誰かを待つこの場所で、男は今日も一人で踊っていた。

男は特定の「誰か」を待っているわけではない。目の前を通り過ぎるすべての人の意識が、自分に集まるのを待っていた。男の両手には夜でも多くの人の目を引けるよう、工事現場の交通誘導員が使う赤い誘導灯が握られていた。

おれを見ろ――。

誘導灯を振り回しながら踊る男の口角は、不自然なほど吊《つ》り上がっていた。傍目《はため》には笑っているようにも見える。しかし、通り過ぎる人々を追いかける男の目は笑ってはいなかった。大きく見開かれた目は、必死に人々を追いかけ、強く叫んでいるように見えた。

ハチ公像前の広場にあるアナログ時計の針は、平日の夜7時半過ぎを指していた。この日、ハチ公像には2014年2月9日に執行される東京都知事選挙を知らせる白いタスキがかけられていた。そんな姿をスマートフォンで撮影する若者が、ときおりハチ公に近寄っていく。

だが、多くの人は、ハチ公にも都知事選にもそれほど関心はないように見えた。みな、手にはスマホを握りしめ、電波の向こう側にある世界とつながり続けることに忙しい。まるで一人一人が透明な膜に包まれた個室で過ごしているかのようだ。

そんな中、アナログ時計の前で奇妙な踊りを続ける男は、彼・彼女らと同じ世界に存在していないのも同然だった。

♪テッテッテッテ、レッテレッテッテ、テッテッテッテッテレッ♪

男の周りに流れる軽快なメロディー。頭にはフェイクファーでできたグレーのモフモフした帽子。ヘッドセットタイプのマイクを通じて、ときおり楽しそうに声も出していた。

男が口ずさんでいたのは歌詞ですらない。リズムだ。「♪テッテッテッテ、レッテレッテッテ♪」と楽しそうに口でリズムを刻むと、それに合わせて両手に握った赤い誘導灯を左右に大きく振っていた。

地面に置かれたスピーカーから流れていた曲は、男の青春時代である1975年にヒットしたディスコソング『ハッスル』（ヴァン・マッコイ&ザ・ソウル・シティ・シンフォニー）。今ではだいぶ時代遅れとなったこのディスコソングに合わせて踊る男の周りには、半径5メートルほどの誰も立ち入らない空間が自然と広がっていた。

　スクランブル交差点の信号が変わるたびに、男の前には大きな人波があらゆる角度から押し寄せる。しかし、まるで目に見えない結界が張られているかのように、そこには「誰もいない空間」が存在し続けた。そこだけが高台になっているかのように人波が避けていく。

　そばを通り過ぎるサラリーマンやOL、学生たちのうち、立ち止まって男の踊りを見る者は100人に1人いればいいほうだ。ほとんどの人は踊る男を一瞥《いちべつ》すると、何も目にしなかったかのように通り過ぎていった。それでも男は半径5メートルの独擅場《どくせんじょう》で踊り続けた。

　私は渋谷駅近くの駐車場に車を停《と》めて駅前まで歩いてきた。そしてしばらくは男を遠くから見ていた。男の踊りに周りの人々がどう反応するかを見たかったからだ。

　しかし、しばらく経《た》っても大きな変化は見られない。私はゆっくり男に近づいていき、男が踊る「目に見えないステージ」の端に三脚を立てて動画撮影を始めた。

　その様子に気づいた男は、ちらりと私のほうを見た。そして挨拶するかのように目を見開いて小さくうなずき、そのまま踊り続けた。

この間、通り過ぎる人たちの流れに変化はない。男の周りに人だかりができることもない。3分ほどかけて1曲分を踊り終えると、男は私のほうへ歩み寄ってきた。

「いいだろ！　このモフモフの帽子！　原宿の竹下通りの若いコが行くお店で買ったんだ！」

男は誘導灯で自分の頭の帽子を指しながら、今日のファッションのポイントを嬉《うれ》しそうに解説した。それは、私が男と初めて知り合った時から変わらない習慣だった。

男の上半身には、白いタスキが巻かれていた。そこには丸みがかったポップな書体の赤い文字が大書されている。

「マック赤坂《あかさか》」

それがこの男の名前だ。タスキは、還暦を過ぎたこの男が着ている派手なピンクのコスチュームに負けない存在感を示していた。

「おれは変えたいんだよ、この国を」

私がマックと知り合ったのは2007年。選挙の取材を通じてだった。それから約10年にわたり、私はマックが選挙に出るたびに動画を撮影したり、話を聞いたりしてきた。

きずにいた。
しかし、その大部分は私の本業である記者の世界では取材成果として発表することがで

残酷だが、わかりやすく言う。私が仕事をしている商業出版の世界で、この男が「商品になる」ことはほとんどなかった。ハチ公前での誰も寄りつかない奇抜なパフォーマンスからも想像がつくように、マックは「マスメディアが取り上げない側」にいた。

それでも私がマックを取材し続けてきたのには理由がある。マックが選挙に出続けたからだ。

政治家という公職を目指して選挙に出る者が、どんな人物なのか。はたして、自分の貴重な一票を投じるに値する人物なのか。それとも一票を投じるべきではない人物なのか。

有権者にとって必要なこうした情報を取材し、伝えることは、記者の任務として十分な意味がある。そのため私は、自分が取材すると決めた選挙ではいつも全立候補者に接触を試み、すべての選挙運動を報じることを心がけてきた。

「今回の選挙での選択肢は、これだけあります」

まずはその事実の提示が選挙報道のスタートだと私は考えている。

政治に不満を持つ人は多い。そうした状況を変えようと、政治家を志す者も少なからずいる。しかし、実際に選挙に自ら打って出る人は少ない。

私は「選挙に出たい」と考えた人たちが、直前になって立候補を取りやめる姿も見てきた。その数は、軽く100人を超えている。

「供託金が高すぎて準備できない」

そうしたお金の問題で断念する人もいた。しかし、断然多かったのは、家族や親族からの反対だ。

「家族に、なにを考えているのか、と強く反対された」

「立候補したら離婚する、と告げられた」

「子どもが学校でなんと言われるのか考えろ、と言われた」

「仕事はどうするの？　辞めるの？　と泣かれた」

立候補を断念せざるをえない理由はいくつもある。

それでも世の中には、選挙に出る人たちがいる。マックも選挙に出続けた。人がやりたいと思っても簡単にはできないことを、マックは何年にもわたってやり続けてきたのだ。

世間の多くの人たちからは無視された。運良く相手にされたとしても、嘲笑の対象としてだ。時には差別的な言葉で罵られる。それでも選挙に出続け、選挙がない時も踊り続けてきた。

これは並の神経ではない。踊ったからといって、カンパがもらえるわけでもない。確実に一票が入るわけでもない。それでもマックはこの場所に立ち続けた。

なぜなのか。私はマックに何度もこの問いをぶつけた。そのたびにこんな答えが返ってきた。

「おれは変えたいんだよ、この国を」

マックはいまだに選挙で当選したことはない。それでもこの場に立ち続けている。

「いかん！　もうすぐ8時だ。あと少ししか時間がない！」

公職選挙法の定めにより、選挙運動期間中に拡声器（マイク）を使って選挙運動ができるのは午後8時までと決まっている。モフモフ帽子の自慢話もそこそこに、マックはスピーカーの横に置いたスーパーの買い物かごに誘導灯をしまった。その代わりにかごから取り出したのは、タンバリンだった。

なぜタンバリン？

常人には理解できないが、これがマックのやり方だ。踊りの道具を運ぶのに使っているこのかごには、頭に取り付けるパーティーグッズの「天使の輪」やマラカスも入っていた。

マックはこの日最後の曲として、加山雄三《かやまゆうぞう》の『蒼《あお》い星くず』を選んだ。手元の携帯音楽プレーヤー、iPodを自ら操作して選曲すると、スピーカーからはギターリフに続いて加山雄三の歌声が流れてきた。

歌詞は、ときおり星空を見上げて一人で踊り続けるマックの状況とピッタリ重なり合っていた。多くの人がそばを通り過ぎていくが、立ち止まる人はほとんどいない。

運がいいのか悪いのか、マックと目が合ってしまった人の多くは足早にその場を去る。その背中を追いかけながら、マックはマイクで呼びかける。

「スマイル党総裁、マック赤坂です！　東京都知事にはマック赤坂！　マック赤坂しかいません！　スマイル！」

マックは当選を目指して選挙運動をしている。しかし、曲が流れて踊っている間、一般的な街頭演説らしきことはあまりせず、踊りに集中している。演説と呼んでもよさそうな話をするのは、曲と曲の合間の準備時間だ。

この政治的な話がなければ大道芸と勘違いされても不思議ではない。初めてマックのパフォーマンスを目にした人は、彼がどんな目的でこの場に立っているのか、ほとんどわからないはずだ。事実、渋谷を訪れる外国人観光客の多くはマック赤坂をストリートパフォーマーと認識して一緒に写真を撮っていた。日本人でも、これが選挙運動だと知ることができる人は少ない。マックの政治的な話を聞くためには、長時間足を止めて、いつ終わるとも知れない踊りの隙間を待たなければならないからだ。

では、マックの政治的主張は何か。

マックは10年以上にわたり、「笑うことで幸せになろう」という「スマイルセラピー」を提唱している。そして、その「スマイル」を政治に取り入れたいのだという。

スマイルセラピーを始めたきっかけは、商社マン時代に渡ったアメリカでの経験だ。アメリカ人と街中やエレベーターで目が合うと、彼・彼女らは口角をキュッと上げてスマイルをしてくれた。それがとても素敵に思えたのだという。これがマックとスマイルとの出会いだ。

「口角をキュッと上げることによって、相手に対する親愛の意思を伝える。それと同時に自分もリラックスできる。当時のアメリカには、プロが富裕層向けにスマイルを教えるスマイル教室というのがあったんです。私は『これは面白いな』と思って、そこに通った。その上、私は商社マンですから、いつかはこれを日本に輸入したいなとずっと思っとったんです。まあ、長いこと忘れとったんだけど」

マックの言葉には、19歳まで過ごした名古屋のなまりが交じっていた。スマイル教室に通っていたマックが次に考えたのは、自分でスマイル教室を開くことだった。

「自分で貿易会社を立ち上げて軌道に乗ったから、そろそろやるか、と思ってスマイルセラピーを始めたんだよ。それまではネイルサロンをやったりエステサロンをやったりした。まあ、そういうのは全部失敗したけどね（笑）」

私は初めてマックに会ってこの話を聞いた時、思わずこう尋ね返した。

「スマイルセラピーって初めて聞いたのですが、これは失敗ではないのですか？」

マックは大笑いしながら答えた。

「失敗じゃないよ！　これからだよ！　これから！」

私が苦笑していると、マックは「笑い」の効能を怒濤《どとう》のように語りはじめた。その勢いは高級羽毛布団を売る営業マンのようだった。

「笑いには2種類ある！　たとえばテレビをつけて、面白いから笑う。これは英語ではラフと言います。しかし、スマイルセラピーのスマイルは違う！　スマイルを〜〜〜〜〜〜」

次の言葉までの「ため」を作りながらマックは口角を徐々に上げ、それに合わせて肘を開き、手に角度をつけて上げていく。そしてもうこれ以上は口角が上がらないというところまでいくと、ビクンと体を震わせてポーズを決め、同時に大声で叫ぶ。

「メイクッ！」

ここでマックは2秒静止する。この時、マックの顔はギャグ漫画で描かれるオーバーな絵のように笑っている。そして、スマイルを徐々に解きながら言葉を続ける。

「することで〜〜〜、心の持ち方を〜〜〜〜〜〜〜〜」

聞いているこちらが身構えるのを見計らって、

「ポジティブに！（再び、先ほどの静止ポーズ）」

ポーズの後は必ず2秒ほど間を置く。写真を撮る人に向けての優しい配慮だ。そして、ポージングが終わると、マックはきっぱり言った。

「これですよ！」

本人は満足げな表情をしている。しかし、いきなり「これ」と言われたほうは困る。いったい、この人は何が言いたいのか。こちらがマックの真意を測りかねていると、マックは話を続けた。

「いいですか！　スマイルを〜〜〜〜〜〜メイクッ！（再びポーズ）」

マックの目を見ていると、金縛りにあったかのようにその場を立ち去れない。マックは再びスマイルを解くと、真面目な顔で言った。

「自分で口角をキュッと上げれば、『あ、このオッサンは今楽しいんだな』と脳が反応してβ《ベータ》エンドルフィン、つまり脳内モルヒネが分泌される。すると、本当に楽しくなるんだよ！」

マックがいつもスマイルしている理由はそういうことらしい。しかし、なぜそれが政治の世界につながるのだろうか。

「私はね、とにかくスマイルセラピーの知名度を上げて、宇宙も含めて世界中に普及させたいんだ。ただ、普及させるには権限というか権力が要りますよね。わかりやすく言えば、たとえばスマイル体操を推す橋下徹《はしもととおる》が大阪市長選に出て当選したら、少なくとも大阪市立の学校の朝礼にはそれを取り入れることができるじゃないですか。権限があるから」

市長がスマイル体操を強要したら教育現場への介入として問題になりそうな気もするが、マックはあまり気にしない。

「学校の朝礼で、『イチ、ニッ、サン！　10度、20度、30度っ！』（口角がどんどん上がり、『30度』の時、声が突然大きくなり、顔がくしゃくしゃになるほど口角を上げて笑顔を作り、白い歯を見せつける）。これですよね。これをやったほうが絶対日本全体が明るくなる。ねえ？　そうは思わない？」

1対1でなければ無視することもできる。しかし、マックの目の前には私しかいなかった。

「まあ、たしかにそうなるかもしれないですね」

私はそうとしか答えようがなかった。

「とにかく今の日本にはスマイルが足りないんだよ！」

それがマックの現状認識だった。そのため街頭演説で曲を流す合間には、スマイルセラピーのコツをどんどん話していく。

「どうしても笑いたい時は、みんな乳首を押すといい！」

マックが突然マイクを通して発する大声に、無表情で歩いていた人が思わずプッと吹き出して振り返る。ストリートパフォーマーとしては効果抜群な呼びかけだ。

しかし、選挙ともなれば別だ。いきなり街中でこんな言葉を聞いた有権者はどう思うだろうか。愉快な人だとは思っても、投票しようと思うだろうか。にもかかわらずマックは続ける。

「こんにちは！　私は小澤征爾《おざわせいじ》の生まれ変わりです！　それでは今からクラシッククイズをやりたいと思います！」

突然クイズを出して、なんとか聴衆を巻き込もうとする。小澤征爾氏は今も健在だが、マックはそんなことは一向に気にしない。聴衆の足を止めることができれば勝ちなのだ。マックがあの手この手で聴衆に呼びかけているうちに、それまで１００人に1人ほどしかいなかった立ち止まる人が、99人に1人ぐらいにはなってきた。どうやらマックの活動もまったくの無駄というわけではないようだ。

政策的なことはほとんど伝わっていないだろう。しかし、「何かを言いたい人なんだ」ということは伝わっているようだ。マックはどんなに無視されても、自分から聴衆に呼びかけることをやめようとはしなかった。

♪ジャ〜〜〜〜〜ン
踊りのBGMに流していた『蒼い星くず』が終わると、マックは最後に一鳴きするギターに合わせてタンバリンを空に高く掲げた。２秒間止まってポーズを取った後、ニヤリと笑って言った。

「そろそろ時間だ。終わりにしよか」

誰かに言っているわけではない。独り言だ。

背後の時計の針が午後8時を指すと同時に、マックはスピーカーのスイッチを切って片付けを始めた。それと同時にマックの周りに自然発生していた「結界」が解け、大きな人波がマックのすぐそばにまで押し寄せてきた。

「ああ、チラシ、チラシ！　踏まれますよ！」

私は思わず声を上げた。マックが地面に無造作に置いていたチラシが、人波に飲み込まれそうになっていた。

「はいはい、ちょっとごめんよ〜〜」

マックはすかさずチラシのそばにしゃがみ込んで、チラシを回収した。そして近くにいた数人に強引に手渡すと、大量に残ったチラシを無造作に買い物かごに放り込んだ。

マックの手には、チラシが風で飛ばないように重石《おもし》として載せられていた黄色いバナナの房が残った。そこで私を見ると、そこから1本もぎ取って私の目の前に差し出した。

「バナナ食べない？」

私は東京都民、つまり有権者だ。その上、取材者でもあるから物をもらうことはできない。マックが有権者に物をあげることも推奨できない。そう理由を告げて断ると、マックは一言、「あ、そう」と言って、今度はそばを偶然通りかかった若い女性たちに声をかけはじめた。

「バナナ食べない？」

一人目は驚き、無言でその場を立ち去った。しかし、それでくじけるようなマックではない。今度はその近くを歩いている二人連れの若い女性に声をかけた。

「バナナ食べない？」

「えー？　バナナ？」

女性たちはマックの呼びかけに反応した。マックは続けた。

「そう、バナナ。元気が出るよぉ!!」

女性は見ず知らずの男から目の前に差し出されたバナナを受け取るかどうか思案していた。するとマックはおもむろにバナナを自分の股間にあてがい、その先を星空に向けるように傾けて叫んだ。

「マック！」

女性は突然の奇行に爆笑している。それを見たマックは嬉しそうな顔をして、バナナの角度を掛け声とともに上向きに変化させていった。

「10度、20度、30度！」

「やだ〜〜（笑）」

女性はバナナを受け取らず、友人と笑い合いながら渋谷駅の改札へと足早に去っていった。

「なんだ。バナナいらんのか……」

マックは私のカメラに向かって苦笑した。

ビジネスの成功者は下ネタが好き

マック赤坂の本名は戸並誠《となみまこと》という。1948年9月18日、愛知県名古屋市に生まれた。2014年の都知事選時点で65歳。父は貿易商、母親は美容院を経営していたが、晩御飯のおかずは家族の食卓にコロッケ一つだけということも珍しくなかった。さほど裕福ではない家庭で育ったマックは、夜は母親がしていた封筒貼りの内職を手伝うこともあったという。

「両親は人格者だったね。『金持ちになれ』とか『仕事で成功しろ』なんてことは言わんかった」

東京・赤坂にある雑居ビルの3階には、マックが脱サラして立ち上げたレアアース専門商社「マックコーポレーション」（2010年、社名を「ニューマテリアル」に変更）

がある。そのフロアの一番奥に位置する会長室で黒い革張りのソファーに座り、マックは名古屋なまりで少年時代を述懐した。

高校は地元の進学校、愛知県立瑞陵《ずいりょう》高等学校に進んだ。同校の前身である旧制愛知県立第五中学校は、「命のビザ」で有名な外交官・杉原千畝《すぎはらちうね》や小説家の江戸川乱歩《えどがわらんぽ》らを輩出している。そんな名門校で成績は優秀。在学中は総合成績で学内3番以下になったことがなかったという。

現役の時には東京大学を受験したが、独学で臨んだために入試の攻略法をまるで知らずに二次試験で不合格。これが人生で初めて味わった大きな挫折だった。

「『サクラチル』の電報の悲しさは今も忘れとらんね。もう、その時は『死にたい』と思った。それまでケンカでボコボコにされても決して泣いたことはなかったけど、その日からは家で3日ほど声を上げて泣いとったよ」

マックは自分を落とした東大が嫌いだという。

「東大に勝つためには京大に入るしかない」

そう誓ったマックは、予備校に通わずに独学で過ごした1年の浪人生活の後、晴れて京都大学農学部に合格。そこで食品工学を学んだ。

京大時代の最後の1年間は自治寮として有名な「吉田寮」で過ごした。一風変わった人材が集まる京都大学の中でも、そのエキスが詰まったような空間だったとマックは言う。

「高校時代、自分は変人だと思っとったけど、吉田寮には変人どころかまるで仙人みたいな人もいた。上には上がいると思ったよ。でも、変人を知る人生と知らない人生だったら、おれは変人を知っている人生のほうがよっぽど幸せだと思うね」

マックの「反権威、反中央、反骨心」は京大時代に育まれたと言ってもいい。マックは関西での生活にも誇りを感じているため、話の端々には名古屋弁とともに関西弁も交じる。

大学卒業後は伊藤忠商事に就職し、食品部門、化学品部門の営業職を務めた。そこで出会ったレアアースがマックの人生を変えた。

「当時、レアアースはまったく注目されていない分野だった。それを一から営業していって軌道に乗せたんだ。社内賞も取ったよ」

伊藤忠を退社して起業したのは48歳の時。独立後のレアアースの商いは順調で、1年目から黒字。年商50億円を超えることもあった。

「ビジネスで成功したのはやっぱり私の人徳ですよ。どこかで神は見ている。私が正しいことをしてきたから神が助けてくれた」

そう語るマックは、2010年に約6700万円を脱税した疑いで在宅起訴され、国税庁に追徴課税された。その直後に立候補した2011年4月の東京都知事選の際には、

「見解の相違はあったが、すべて国税庁の指示通りに追徴課税に応じた」と話していた。

一方で、マックは声を大にしては言わないが、2011年3月の東日本大震災の際、日本赤十字社を通じてすぐに億単位の寄付をした。これは私が「お金持ちなのに寄付とかしていないのですか?」と聞いたところ、しぶしぶ答えたものだ。その他にも老人ホームへの慰問や駅前のゴミ拾いなど、社会貢献活動もしている。しかし、そのことを自分からは言わない。

「そんなの自慢することじゃない。当たり前のことをしただけだ」

それがマックの持論だ。別の機会に「これまで本当に悪いことをしてこなかったのか」と聞くと、嬉しそうに答えた。

「していません! 善行のマックです。私は小さい頃からひょうきん者。『ひょうきんマック』だった。昔から人を笑わせてきた」

マックはそう言って小学生時代の話をしはじめた。当時の自慢の持ちネタは「みかんぶらぶら」だったと胸を張った。

どんなネタかと尋ねると、自分の股間を指さしながら嬉しそうに説明を始めた。

「私はチンコがデカイんでね(笑)。だいたい何もなくても膨らんでいるんです。それをさらに大きく見せるために、パンツの中にはいつもみかんを二つ入れてました」

なぜ股間を大きく見せる必要があるのか。そんな疑問を差し挟む隙もなく、マックは続けた。

「それで股間をぶらぶらさせながらみんなの周りを歩き回るんですよ。これが『みかんぶらぶら』。学校でもどこでも、場の雰囲気がしらける時ってあるでしょ？　そういう時には『ヨイショ！』って、パンツも全部脱いじゃう。クラスの女子は『キャーッ！』と逃げましたね（笑）」

なぜクリやウニではなくみかんを入れたのか。

「みかんが大好きだったんだよ。お腹《なか》が空《す》いたら食べちゃってたね」

パンツの中にナマで入れていたみかんを食べるのか。

「うん。自分の体温でちょうどいい具合に温まるんですよ。マックはみかんとともにあり！　そうそう、当時は家に風呂がなかったから、銭湯によく親父《おやじ》と行ったんだけど、浴場に入るとまずみかんを湯船に浮かべていたね。だからよく盗《と》られました。湯船にみかんを浮かべて洗い場で体を洗ってから湯船に戻ると、もう皮しか残っていない。誰か食べちゃった。けど、それで良し。そういう善行を子どもの頃からやってきたんです」

マックは呼吸をするように下ネタを話す。それは小学生時代から半世紀以上経つ今も、あまり変わっていないようだった。

ある選挙の前に、「マックさん、今回の政見放送ではどんなことをするんですか？」と私が聞くと、真面目な顔で「今度こそチンチン出そうと思う」と答えたこともあった。

「まさか！（笑）」

その時は大笑いして信じなかったが、時間が経つにつれて「この人ならやるかもしれない」と心配になってきた。

私は政見放送の日時を確認して、毎回ドキドキしながら見た。しかし、実際に放送された政見放送では、マックはチンチンを出してはいなかった。

後日、私は「出さなかった理由」を直接本人に尋ねた。

「NHKの収録時に立ち会ったプロデューサーが好みのタイプの美人で、どうしても出せなかったんだよ」

マックはひどく後悔していた。途中までは本気で出すつもりだったのに土壇場でひるんでしまったことを。

股間をあらわにする候補者

私がマック赤坂と初めて言葉を交わしたのは２００７年7月のことだ。マックは7月29日に執行される参議院議員選挙に、東京都選挙区から立候補していた。

選挙戦の最中に渋谷ハチ公前に行くと、スクランブル交差点の片隅に国産の白いワンボックスカーで作った街宣車が見え、前述の『ハッスル』が大音量で聞こえてきた。

「なにあれ〜、キモ〜い（笑）」

信号待ちをする若い女性たちは、指さして笑っていた。

無理もない。茶色いクセ毛にヘアバンド。そしてヘッドセットタイプのマイク。黒いTシャツにピンクのテカテカしたボクサータイプのパンツ。ハイソックスもピンク。そんな姿の還暦近い年齢の男性が、街宣車の屋根の上で踊っているのだ。

「みなさん、これがスマイルダンス！　スマイルビクスです！　私はこれを日本全国、全世界に広めたい！」

エアロビクスのインストラクターのような格好をした男は聴衆と目が合うと、必ずポーズを取りながら微笑《ほほえ》みかけてこう言った。

「スマイル！」

目が合った女性たちは、驚くとともに思わず吹き出す。それを確認すると、マックは再び音楽のリズムに合わせてニコニコしながら踊った。

スマイルダンスとは、口角の上がる角度に合わせて両手の平を顔の前でパタパタとさせる踊りだ。考案したのはマック赤坂。それ以外は考えられない。

このダンスの決めポーズは、例の「10度、20度、30度！」だ。マックは「これが今の日本に欠けているスマイルなんです」と聴衆に呼びかけた。

ひとしきり踊りを終えると、マックが水分補給のために街宣車から降りてきた。そしてビデオカメラを構えている私を見つけると、遠くから大きな声でこう叫んだ。

「モッコリ！」

股間部分がはちきれんばかりに膨らんだピンクのパンツに両手を添え、ポーズを決める。

2秒ほど静止した後、すっと背中を伸ばし、何ごともなかったかのようにすたすたと私に向かって歩いてきた。

「車の中で話しましょうか」

冷静な声になったマックにうながされるまま、私は街宣車の後部座席に乗り込んだ。

「今の日本にはスマイルが足りないね。だから私はスマイルセラピーをやっている。スマイルをすれば、うつ病もなくなる。今の日本の医療では、うつ病の人は薬漬けになってしまう。だけど、スマイルには抗うつ剤のような副作用がないんだよ」

ハチ公前に停めた街宣車の運転席に座りながら、マックは落ち着いた物言いでそう語った。

目を閉じて声だけを聞けば、立派なインタビューだ。俳優でいえば細川俊之《ほそかわとしゆき》氏のような低めの渋いトーン。しかし、その声の発信源が着ているコスチュームは、選挙の立候補者としては常識外の、エアロビクスのインストラクターそのものだ。視覚情報が邪魔してなのか、話がすっと心に入ってこない。どうしても奇抜なファッションが気になる。我慢できずにこの日の衣装の意味を問うと、マックは「よくぞ聞いてくれた」というような笑みを浮かべてこう言った。

「なあ、これ、ええやろ！　志茂田景樹《しもだかげき》さんに紹介してもらって、同じ店で買っとるんや。志茂田さんは友達なんや」

マックが名前を出した人物は、奇抜なファッションで知られる直木賞作家のことである。たしかにマックが着ているピチピチの服は、志茂田氏のファッションと通じるところがあった。

「そのズボン、まるでパンツみたいですね。生地が薄いし、ピタッと肌に吸い付いて、股間もモッコリしてますし」

私がそう指摘すると、マックの声が一層大きくなった。

「パンツみたい、じゃなくて、パンツなんだよ！　これ1枚しかはいていない！　なんなら中身を見せようか？」

私は躊躇《ちゅうちょ》なくパンツに手をかけたマックを止めた。そのためこの場ではマックがパンツを下げることはなかったが、別の機会に私が取材している時、マックの言っていることが嘘《うそ》ではなかったことが判明した。

2010年7月に行なわれた参議院議員選挙（東京都選挙区）。マック赤坂は東京都庁前に白いロールス・ロイスを停めてスマイルダンスを踊っていた。6000万円もするこの車はマックの自家用車であり、選挙の時には街宣車として使われることもあった。車の天井にはサンルーフがあり、マックはそこから上半身を出して踊っていた。この時のコスチュームはオレンジ色のタンクトップ、そして水色のピチピチしたボクサーパンツだ。

マックのそばには運転手兼秘書を務める櫻井武《さくらいたけし》の姿があった。そして、私の他には通行人も報道関係者もいなかった。

つまり聴衆は私一人だけだ。マックはいつもと同じように大音量で『ハッスル』を流しながら、都庁を見上げて誘導灯を振っていた。

甲州街道と青梅《おうめ》街道に挟まれた都庁前付近は、車の交通量はさほど多くない。都庁に用事がある車か休憩のために車を停めるタクシー以外には、車通りも人通りもほとんどなかった。

都庁の中から道路に出てきた私はマックに気づかれないよう、植え込みに沿って歩きながら遠巻きに演説の様子を撮影していた。しかし、本当に人通りがなかったため、何かが動けば非常に目立つ。私は訴えかける対象を探していたマックに、あっという間にロックオンされた。マックは私の姿を見つけると、マイクを通して声はかけないものの、明らかに私のカメラを意識して踊った。

「参議院選挙に立候補しているマック赤坂です。政治家に隠しごとはいけません。そして、私は隠すことは何もありません！」

マックがカメラのほうを向いたので、嫌な予感がした。

そしてその予感はすぐに的中した。マックはこの言葉に続き、大きな声で叫びながら、勢いよくパンツの股間脇部分を斜め上にぐいっと引っぱり、股間のものを出したのだ。

「レンホー、インポー、チンポー！」

私のカメラにはマックの股間のものがくっきりと映った。

「あっ、あーっ！」

私は思わず大声を出しながらマックに駆け寄った。それを見てマックは素早くパンツを戻し、一度はそれを布切れの中に収めた。

「マックさん！　なにしてるんですか！」

私が大声で呼びかけると、マックは胸を張って答えた。

「裸になるぐらい、なんてことない！　どうせ誰もおらんだろっ！　レンホー、インポー、チンポー！」

再びマックが「チンポー」の掛け声でパンツを引っぱり、股間のものを出した。

まったく意味がわからない。今どき、小学生でもやらない奇行だ。公職を目指す候補者が街頭で股間をさらす意味がどこにあるのか。

「これくらいのことをしないとダメなんだ！　普通のやり方じゃ誰にも注目されないいんだ！」

マックが興奮して叫ぶ。私も思わず大声を上げた。

「いや！　公衆の面前で股間を出してたら、別の意味での注目しか集まりませんよ！」

「いいんだ！　おれはそれぐらい本気なんだよ！　だから撮れ！　レンホー！　インポー！　チンポー！」

スマイルでβエンドルフィンが出すぎると、人間はこんなふうになるのか。都庁前で3度も股間をあらわにするマックに、私は返す言葉が見つからなかった。

「恋愛モテモテコースをやっています」

マック赤坂は最初から奇抜な選挙運動をしていたわけではない。マックが初めて選挙に立候補したのは、２００７年4月22日執行の東京都の港区議会議員選挙。その時は極めてオーソドックスなスタイルで選挙を戦っていた。

この選挙の期間中、私は偶然港区内を通りかかり、そこで見つけた区議選のポスター掲示板でマック赤坂の存在を知った。私がマックに注目したのは、その名前が珍しいなと思ったからだ。ただ、その時は「帰国子女の人が出ているのかな。さすが港区だな」と思う程度で、携帯電話のカメラでポスターの写真を1枚撮っただけだった。

ポスターは白地で、そこにグレーのストライプの黒いジャケットに白襟・赤の縦ストライプのシャツ、グレーとピンクのストライプのネクタイを締めた本人のバストアップ写真が載っていた。ポップな赤い文字のデザインは手作り感にあふれているが、区議選レベルの選挙ではよくある普通のポスターに思えた。

しかし、この選挙の体験が、その後のマックの選挙戦術に決定的な影響を与えた。のちにマックは私にこう語っている。

「初めての選挙の時は大真面目に選挙運動をやったよ。街宣車を走らせて、街中で真面目に政策を訴える従来型の選挙をね。だけど、なんの後ろ盾もない人間がいきなり選挙に出て大声で叫んでも、誰からも注目されない。当然ながら、まったく票が入らんかったよ」

179票。それが初めての選挙でマックが得た票数だった。

「知名度もない市民は、はじめから選挙で勝つことは不可能なのか？　どうしてみんなそれをおかしいと思わないのか？　みんな、なぜ怒らないんだ？　なぜ黙っているんだ？　どうして6割以上もの有権者が投票に行かないで無関心でいられるんだ？」

惨敗したマックの頭の中には、無数の「なぜ？」が渦巻いていた。

誰だって政治に無関係でいることはできない。それなのに、日本では多くの有権者が政治に無関心でいる。そのことにマックは強い苛立《いらだ》ちを覚えていた。

港区議会議員選挙から約3ヵ月後の2007年7月。マック赤坂は第21回参議院議員選挙に東京都選挙区から立候補した。マックが出馬すると知った私は東京都選挙管理委員会に問い合わせ、連絡先になっていたスマイルセラピー協会の事務所に電話をかけた。マック赤坂の「選挙戦第一声」を撮影するためだ。

「第一声は赤坂で行ないます。マック赤坂ですから」

電話の向こうの女性が明るい声でそう告げた。教えられた時間の10分前に赤坂にあるTBS近くの交差点に向かうと、すでに国産の白いワンボックスカーで作られた街宣車が停まっていた。

「スマイル党でーす！　お願いしまーす！」

街宣車のそばでは、ピンクのジャンパーを着た50代後半と思われる真面目そうな白髪の男性がスマイルセラピーを案内するチラシを配っていた。

「おつかれさまです！　マックさんの選挙スタッフの方ですか？」

私がチラシを受け取りながら話しかけると、男性は「ええまあ、そんなところです」と答えた。男性は明らかに選挙の手伝いに慣れておらず、戸惑っている様子が見て取れた。

「普段はスマイルセラピー協会の手伝いをしているんですけど、選挙はまったく勝手がわからなくて……」

男性の顔からは完全にスマイルが失われていた。

「マックさんが相談もなくいきなり出馬された感じですか？」

男性は私の問いかけにははっきり答えず、白い街宣車に上ったマック赤坂を見上げた。そこでは、白いスーツにピンクのTシャツ、両手に白い手袋をしたマック赤坂がワイヤレスマイクを握り、まさに第一声の演説を始めるところだった。

「赤坂をご通行中のみなさん！」

スピーカーの音が異常に大きい。あまりの大音量に、通行人が一瞬で街宣車に注目する。

「私は参議院議員選挙に立候補しているスマイル党総裁、スマイルドクターのマック赤坂です！」

選挙運動で白いスーツを着こなす候補者はなかなかいない。とてもカタギには見えない。新興宗教の教祖だと言われても納得しそうな雰囲気だ。足を止めると面倒に巻き込まれそうだという警戒心からか、その場に立ち止まって話を聞こうとする人はほとんどいない。

マックは街行く人をなんとかして巻き込もうとしていた。

「そこの、かっこいい男性、イケメンの！」

いきなりマックに指さされた男性は、ぎょっとしてマックを見た。マックは反応があったことを確認すると、嬉しそうに続けた。

「あなたのモテ方は、昔のモテ方です！」

男性は一言も言い返さずに、そそくさとその場を立ち去った。しかし、マックはその男性の背中を追うように呼びかけた。

「今やイケメンだからモテる時代ではない！」

マックは通り過ぎる人々に向かってどんどん声をかけた。声をかけられたほうはびっくりしてマイクの主を見上げるが、誰もが「見てはいけないものを見てしまった」という顔をして足を速めた。その場に留《とど》まって話を聞こうとする人はほとんどいない。もし留まれば、さらなる声がけが容易に予想されるからだ。男性に逃げられると、今度は女性に、

「そこの若いあなた！　どういう男性がタイプですか」

と声をかけはじめた。もちろん女性も逃げた。そんなことはお構いなしに、マックは持論を展開した。

「そうなんです！　今や文章がうまい人、マメな人がモテる。メール文化の時代なんです。顔が悪くても声が悪くても、メールの文章がうまければ、簡単に！　かわいい女性

を！　イチコロで！　ホレさせることが！　できる！」

聴衆からの反応はまったくない。それでもマックは続けた。

「いいですか！　今、恋愛モテモテコースをマックはやっています。これからは若い諸君、女性にモテるためには、メールの文章力を磨きなさい！」

街宣車の看板には「美しい日本人の再生」というコピーが書かれていた。選挙のキャッチフレーズとしてはありふれた、どこかで聞いたことがあるコピーだ。しかし、この時のマックの演説のほとんどは「いかにモテるか」「いかに日本人にスマイルが足りないか」に時間が割かれており、スマイルセラピーの宣伝だと言われても仕方がないものだった。

初めての政見放送

マック赤坂は奇抜な政見放送が話題となり、今では「政見放送芸人」とまで言われるようになっている。しかし、初めての政見放送は、初めての選挙運動と同じく、比較的オーソドックスなものだった。

マック赤坂が初めて政見放送に登場したのは2007年の参議院議員選挙の時だ。ジャケット姿で自ら「スマイルドクター」を名乗った。政見放送で訴えたのは、「スマイル教育」による教育の再生、健康と美容の再生、中高年の再生だった。

マックはカメラを見据えて視聴者にこう呼びかけた。

「いじめの原因はどこにあるんでしょうか？　先生にあるんでしょうか？　親にあるんでしょうか？　はたまた教育委員会にあるんですか？

いやいや、いじめの原因は生徒一人一人の心の持ち方にあるんです。そして、いじめは学校だけではなくて、あなたの会社、あなたの近所にもあるんです。日本全体がいじめの構造を持っているんです」

政見放送は基本的に一人語りである。限られた時間の中で自ら問いを発し、それに対する見解を述べる。それがオーソドックスな政見放送だ。マックはそのセオリーに則《のっと》って話を続けた。

「どうすればいじめをなくすことができるんでしょうか？

そうなんです。スマイルをすれば、βエンドルフィンというホルモンが右脳から分泌されます。このホルモンは人に優しいホルモンなんです」

時々、論理の飛躍はあるものの、文字にして読むと特に間違ったことを言っているわけではない。誰もが眉間にしわを寄せる社会より、スマイルのある社会のほうがいい。世の中の多くの人はそう思っているはずだ。

しかし、この時の選挙でマックが得た票数は６４０８票にすぎなかった。候補者20人中18位。定数5の東京都選挙区でトップ当選した大河原雅子《おおかわらまさこ》が１０８万７７４３票、５番目で当選した川田龍平《かわだりゅうへい》でも68万３６２９票を集めたことを考えると、遠く及ばない。惨敗だ。

それでもマックは諦めなかった。自らの選挙戦を振り返り、次回の選挙に向けて戦略を練り直した。マックが導き出した答えは、次のようなものだった。

「メディアに取り上げられなければ票は取れない」

そう考えたマックは、目立つために選挙運動を先鋭化させていく。

まずは街頭演説のスタイルを変えた。「スマイルセラピー」を提唱しているマック赤坂という人物を認識してもらうために、エアロビクスのインストラクターの格好でスマイルダンスをすることにした。ヘアバンドも当初のシンプルなものから、次第に天使の輪やウサギの耳、そしてチョンマゲのかつらなど、派手さを追求してバリエーションが増えていった。いずれも通り過ぎる人々の注目を一瞬で集めるために考えたものだ。そうした小道具の多くは、若者にも馴染《なじ》みがあるディスカウントストアのドン・キホーテで買い求めた。

「私はみなさんと同じように、ドンキが大好きです！」

新宿・歌舞伎町のドン・キホーテの前でそう叫ぶこともあった。

通りすがりの人の目には不真面目に映るスマイルダンスだが、本人はいたって真剣だった。

「見ず知らずの人に『帰れ！』と言われたり、『うるさい！』と言われたり、空き缶を投げられたり、つばを吐かれたり。そんなことは何度もあったよ。でも、選挙に出るっていうことは、自分を裸でさらけ出して、有権者と向き合うってことだろ？　逃げちゃいけない。批判だって立派な反応だ。反応がないよりもずっといい」

選挙戦を追い続けるうちに、私はマックを「なにかを愚直にやり続ける真面目な人間」だと思うようになった。

自分の訴えに耳を傾けてもらいたい。でも、目立たなければ誰も自分のことを認識してくれない。そこで誰の真似《まね》もせず、自分の頭で必死に戦略を考えた。

この戦略が功を奏しているとはまったく思えない。世間からは常識外れと思われている。しかし、無名の新人候補にはそれ以外の方法が思いつかないことも事実だった。

大切なことがある。それはマックの行動が決して弱い誰かを傷つけたり、誹謗《ひぼう》中傷したり、こき下ろしたりする方向には向かわないことだ。これは既成政党から推された政治家や候補者が、生活保護受給者や特定の病気の患者などの社会的に弱者とされる人々を批判しても一定の支持を得続ける現状とは逆行している。マックが激しく抵抗するのは、圧倒的な強者に対してだけである。

政見放送にコスプレを持ち込んだ

マックは出馬をしても一般的なメディアへの露出機会に恵まれなかった。そのため立候補者なら誰もが機会を与えられる「政見放送」を露出のツールとして最大限に利用しようと考えた。

2011年11月の大阪府知事選挙に立候補した際には、新しい試みとして政見放送にコスプレを持ち込んだ。それまではジャケット姿で臨んでいたが、この時はタンクトップにピチピチしたボクサーパンツ、ヘアバンドというエアロビクススタイルで登場した。

2012年10月の新潟県知事選挙では、ブータンの民族衣装を着て有権者にこう訴えた。

「スマイル党総裁、マック赤坂でございます。テレビの前のみなさん、スマイル！　してますか？」

スマイル、と叫ぶ時には、いつものポーズを取る。

マックは回を重ねるごとに政見放送の完成度を高めていった。

2012年12月に行なわれた東京都知事選挙の際には、NHKでスーパーマン、民放のTOKYO MXでは宇宙人のコスプレ姿で政見放送に登場した。スーパーマンの衣装は六本木のドン・キホーテで買ったものだ。

「政見放送収録の日、スーパーマンの格好をして渋谷のNHKへロールス・ロイスで乗りつけたんだよ。そしたらプロデューサーが服を見て驚いて、その場で選挙管理委員会に電話をかけたんだ。『マック赤坂さんがスーパーマンの格好で来てますけど、大丈夫ですか?』ってね。おれは『大丈夫だ』と悠然と構えていたよ」

NHKの入口で多少の紆余曲折《うよきょくせつ》はあったものの、結局、スーパーマンのコスプレ姿での政見放送は無事に収録・放送された。このコスプレにもちゃんとした意味があったとマックは言う。

「石原《いしはら》都政に見捨てられた東京都民を救うのは、もう人間では無理だと思った。つまり、人智《じんち》を超えたスーパーマンか宇宙人しか都政を救える人はいない。スーパーマンが出馬するほど東京はどうしようもない窮状にある。『都民よ目を覚ませ!』という大真面目なメッセージを込めたんだよ。わかるだろ?」

残念だが、ここまで話を聞かないとわからない。そして、ほとんどの有権者にはここまでマックの話を聞く機会はない。

この時の都知事選は、同年10月に新党結成を表明した石原慎太郎《しんたろう》都知事の辞任表明を受けて行なわれたものだ。マックは当時副知事だった猪瀬直樹《いのせなおき》が石原から後継指名を受

2012年の東京都知事選挙。
NHKの政見放送

けたことを快く思っていなかった。

「猪瀬には知名度で敵《かな》わない。普通のことをしていてもダメだ」

そこで、政見放送の途中に急に立ち上がってわざと見切れたり、まだ話せる時間が残っているのに画面から消えたりした。それはこれまで、どの候補も思いつかなかった「裏技」だった。

選挙期間中の深夜や早朝に放送される政見放送は、マックが登場する前から選挙マニアの楽しみの一つだった。そんな選挙マニアたちの間で、次々と新機軸を打ち出してくるマックは「期待の新星」として迎え入れられた。しかし、政見放送は多くの人たちが寝ている深夜3時や早朝4時に放送されることが多く、当初はマックの挑戦を目にする視聴者数も限られていた。

だが、捨てる神あれば拾う神あり。すぐに注目されることはなくても、長年同じことを続けていれば、いつかは誰かの目にとまる。マックがかつて「どこかで神は見ている」と言ったように、「奇行」を続けるマックに注目する人が徐々に出はじめた。

間違いなくそのきっかけとなったのが、インターネット上の動画投稿サイト、ＹｏｕＴｕｂｅだ。既存のマスコミが取り上げなかったことも、この頃になると一般に普及したインターネット上で次第に取り上げられるようになったのだ。

幸運なことに、インターネット上には従来のマスコミとは異なる価値観の言論空間が出現していた。そこでの価値基準は「面白いものは面白い」。許認可事業で自主的な制約の多いテレビの価値基準では扱われない情報も、従来の常識にとらわれないインターネットの世界ではＯＫ。マックのことを「この人は面白い」として話題にする人が増えていった。

それがマックの意図する「スマイルセラピー」への理解だったかというと疑問は残る。しかし、マック赤坂の知名度がインターネットの普及により高まっていったことは間違いない。

マック赤坂の奇抜な政見放送は、ＹｏｕＴｕｂｅ上に何度もアップロードされた。地域的な事情や放送時間の事情からマックの政見放送を見ることができなかった全国の人たちの目にも触れた。選挙マニアにとどまらず、広く一般のインターネットユーザーにも視聴されるようになった。

一般の人だけではない。マックの政見放送を見た者の中には、発信力のある著名人もいた。お笑いコンビ、ナインティナインの岡村隆史《おかむらたかし》氏がラジオで取り上げたり、ミュージシャンのスガシカオ氏が自身のブログで取り上げたりするようになったのだ。

岡村氏の取り上げ方は「戦後最大級にスベっている人を見た」というものだったが、スガシカオ氏はマック赤坂の政見放送を見た時の感想を自身のブログに次のように綴《つづ》った。

「まぢでヤバすぎ
ハマりまくり。
夢に出てくるもんね
なんなんだ、あの憎めないオーラは……w」

こうした情報はツイッターやフェイスブックでさらに拡散され、マックの政見放送の視聴回数は数十万回を記録した。

「マック赤坂の政見放送は神」

「政見放送にマック赤坂あり」

いつしかマックは、ネット上で確固たる地位を築くまでになった。

政見放送には検閲がない

NHKでの政見放送収録の際、「これは大丈夫なのか」と慌てるプロデューサーを前にしたマックが悠然と構えていたのには理由があった。公職選挙法第150条には次のような記述があるからだ。

「日本放送協会及び基幹放送事業者は、その録音し若《も》しくは録画した政見又は候補者届出政党が録音し若しくは録画した政見をそのまま放送しなければならない」

つまり政見放送には検閲がない。そこには候補者が自由に表現できる「場」がある。マックはそのことを熟知していた。

「300万円で政見放送ができるなら安い」

マックは基本的には、政見放送がある選挙を狙って出馬する。政見放送は固定カメラでの撮影と決まっている。そして規定の時間内に、どの候補も同じタイミングでズームアップされる。これは選挙の公正を図るために決まっていることだ。そのため、通常はどの候補の政見放送も絵柄としては代わり映えしない。

そこで目立つにはどうしたらいいか。マックは構想を何回も練り、自身の政見放送に生かした。参考にしたのは1991年の東京都知事選に立候補した歌手・内田裕也《うちだゆうや》の政見放送だ。マックはそれを30回以上見て研究した。

内田裕也の政見放送は選挙マニアの間では有名なものだ。四角い殺風景な画面の真ん中に座った内田は、アナウンサーの経歴紹介が終わるといきなりジョン・レノンの

『POWER TO THE PEOPLE』をアカペラで歌い出す。

続けて、エルビス・プレスリーの『Are You Lonesome Tonight？』へとメドレー。それに続く演説はすべて英語で行なわれた。内田が政見放送で発した言葉のうち日本語だったのは、最後に歌い上げた頭脳警察の『コミック雑誌なんか要らない』の歌詞ぐらいだった。

政見放送を見た多くの人の頭には疑問符が浮かんだことだろう。内田裕也の選挙公報には手書きでこう書かれていた。

「ＮＡＮＫＡ　変だなぁ！
キケンするなら　ＲＯＣＫに
ヨロシク!!
ＬＯＶＥ　＆　ＰＥＡＣＥ　Ｔｏｋｙｏ」

この時、内田裕也は5万4654票を獲得し、16人の候補者中5位と健闘した。選挙において、知名度は力である。

それでは知名度のない候補はどうするか。限られた時間の中でいかにインパクトを与えるか。そのために自分は何をするべきか。

マックは政見放送で自分が何を着るか、どんなパフォーマンスで注目を集めるかを大真面目に考えて全力を注いでいる。傍目にはすべてアドリブでやっているように見えるかもしれないが、実際に話す内容は、何度も書き直された手書きのメモに沿っている。大阪府知事選挙での政見放送収録に備えて作られたメモには、

「マックはん、スマイルセラピーってなんでっか？」

という大阪弁での台詞《せりふ》まで細かく書かれていたのを私は目にした。決してその場の思いつきで話しているわけではない。

政見放送の時間は衆議院の小選挙区であれば9分。参議院の選挙区や知事選挙では、経歴30秒、政見5分30秒と決まっている。この時間、見る者を飽きさせないことは至難の業だ。視聴者を引きつけるためには、「次に何が飛び出すかわからない」という期待感を6分間持続させることが必要になる。マックは知恵を絞りに絞った。

マックが選挙に出るたび、ＹｏｕＴｕｂｅには政見放送がアップロードされ、選挙区外の人たちをも爆笑の渦に巻き込んだ。マックの政見放送が世に知られるようになると、マックのもとには批判の声だけでなく、嬉しい声も届けられるようになった。

「人生が辛《つら》くて自殺するつもりだった。でも、マック赤坂みたいな変なおっさんが笑わせてくれたから、死ぬのとか、もうどうでもよくなった」

こうした声に触れるたび、マックは幸せを感じるという。

街頭演説の現場に、末期がんだという男性が来たこともあった。

「あなたを見て、久しぶりに笑顔になれました」

そう言って握手を求められた時の、痩せて骨ばった熱い手の平の感触が忘れられないとマックは言った。

「おれのことを変人と言う人が大勢いるのはもちろん知ってるよ。だけどおれは、変人だからって変なことを言っているわけじゃない。普通の人が言えないことを言っているだけだ」

マックは世間の人たちが無意識のうちに従っている常識に対して、強い疑いを抱いていた。

「普通の人の常識やお行儀なんてクソ食らえだよ。きれいなスーツを着ていても、人を平気で傷つけたり、切り捨てたりする人はたくさんいる。おれもそういう人を山ほど知っているし、あなたの周りにもいるだろう？　上っ面に振り回されちゃいけない。自分の足で立たなきゃ、長いもの、黒いものに巻かれるしかないんだよ」

そしてマックは自分に言い聞かせるように続けた。

「自分が正しいと思ったことをしろ。やりたいことをやれ。そうすればそこに責任が生まれるし、逃げ道もなくなる。だからこそ真剣になる。おれは１００年しかない人生を欲張って生きたい。人生の可能性は常に１００パーセント。できると思えばできる。常に道は開けているんだ！　そしていつかハリウッドにも進出したい」

マックはピンクのピチピチパンツ姿で私に言った。

立候補引退宣言

必死の選挙運動を繰り返しても勝てない日々が続いた。出馬を重ねても得票は伸びず、高額な供託金を何度も没収された。本業のレアアース事業も右肩下がりになってきた2013年7月。9回目の出馬となる参議院議員選挙に、マックはある思いを秘めて臨んでいた。

「これを最後に、もう選挙には出ない」

そう考えるに至った理由を問うと、マックはスマイルを入れずに淡々と答えた。

「政見放送芸人としてのおれは、一応、成功したよ。だけど、いくら爆笑を取っても、実際には票が入らんこともわかってきた。インターネットでの人気は自分の実力でなんとかできるけど、実際の選挙では投票に行ってもらわないといかん。つまり、他力本願。おれと有権者の間には、三途《さんず》の川くらい、深～い溝があるんだよ」

自ら発した言葉を噛《か》みしめるように唇を結ぶと、マックは私を見据えてこう言った。

「こんなことは言いたくなかったけど、言っちゃうよ。マック赤坂を引退させるのは、おれを当選させなかったあなたたちだよ、と」

この参議院議員選挙の前に行なわれた国政選挙は、２０１２年12月の衆議院議員総選挙だった。この選挙では、一度は野党に転落した自民党が改選前の１１９議席から大きく議席を伸ばして２９４議席を獲得。約3年半で民主党から政権を奪還した。

２９４という議席数は、自民党単独で絶対安定多数（すべての常任委員会で委員長を独占し、かつ、各委員会で委員の過半数を確保するのに必要な議席数。当時の定数４８０では２６９議席）を確保する大勝利だ。また、公明党の31議席と合わせると、参議院で法案が否決されても、衆議院での再可決が可能となる3分の2を超える３２５議席となっていた。

第2次安倍《あべ》政権誕生で憲法改正の足音がひたひたと迫っている。そう感じたマックは安倍政権の暴走を予想し、その流れを全力で阻止するつもりだった。

「今までは専守防衛だったから25万人の自衛隊員でオッケーだったけど、集団的自衛権もオッケーになったら足りるわけないじゃん！　そうしたら徴兵制にならざるをえない。しかもどんどん少子化が進むから、徴兵制をやるとしたら18歳から80歳まで、男性も女性も取られるようになる。おれは戦争への道に対して、ものすごい危機感を持っているんだ」

最後と決めた参院選の政見放送には、インドの指導者、マハトマ・ガンジーのコスプレで臨んだ。髪の毛を剃《そ》り、丸メガネをかけ、オレンジ色の布を体にまとって次のように切り出した。

「今日は平和についてお話をいたします。みなさん、平和とはなんでしょう。この平和の意味を確かめるため、あの原爆のヒロシマ・ナガサキ、そして特攻隊の基地である鹿児島の知覧《ちらん》に行ってまいりました」

テンションが異様に高いこれまでの政見放送とは違い、声のトーンは抑えめで落ち着いている。ゆっくりと、聞きやすい語り口だ。マックは鹿児島県の知覧で見てきたという「突撃を前にして18歳の青年が書いた遺書」を厳《おごそ》かに読み上げた（おそらく、19歳で戦死した若松藤夫《わかまつふじお》氏の遺書と思われるが、「知覧特攻平和会館」に展示されている実物の文章とは少々異なる）。

『お母様、今は何も言う事は有りません。最期の、そして最初の親孝行に笑って征《ゆ》きます。泣かずによくやったと仏壇にだんごでも具《そな》えて下さい。人形は藤夫と思って下さい。明日、出撃いたします。お元気で。さようなら』

神妙な面持ちでマックは続けた。

「この手紙は、昔の話ではありますが、今度はあなたが書くことになるかもしれないんです。

なぜならば、今、自民党政権が憲法第9条を改正して自衛隊を軍隊にしようとしております。その先にあるものは徴兵制度と核武装でございます。徴兵制、まあわかりやすく言えば、あなたのスマホのLINEに、突然と、赤紙のスタンプがメールされ、18歳以上の男女が2年間、徴兵に出されるんです。その間は学校も会社も行けません。そして好きなものも食べれません。ましてや好きな彼女とデートなんかはできません。みなさん、こんなふうになっていいんですか？」

マックは静かに怒っていた。大声で叫ぶのではなく、深く重厚な声で自らの思いと主張を有権者に語りかけた。

「核武装が戦争抑止力になっている。こんなものは大嘘です。暴力に対しては、暴力で抑えることはできないんです。非暴力によってのみ、暴力に対抗できるんです。そして、戦争化を進めている自民党政権に対して、非協力で対抗しようではありませんか。スマイル党の合言葉、非暴力、非協力、そして武器よさらば、です」

文字に起こしてみると、奇異なことを言っているわけではない。実際の政治家でも同じような主張をする人はいる。しかも、いつもの政見放送よりも大幅にスマイルの回数をカットしていた。従来の政見放送でのスマイルを100としたら、この時のスマイルは10にも満たないものだった。

「この政見放送を見たファンからは、『10度、20度、30度！　はもう見られないのか！』と言われたよ。だけど、自分で自分の一番好きなところは『先見性がすごい』ってこと。事業のレアアースもそう。この選挙もそう。おれは必ず何年か先を見る。我慢ならずに頭を丸めてガンジーになったのは、『必ずまた戦争の時代がくる。徴兵制が絶対にくる』と思ったからや」

　しかし、こうしたマックの「普通の訴え」がマスメディアで取り上げられることは、引き続きほとんどなかった。一部のスポーツ紙が選挙戦中に国会前で断食しているマックを取り上げたくらいだ。いつになく真面目に（いつも真面目だが……）取り組んでいるマックを取り上げない理由を旧知の全国紙政治部記者に問うと、彼はこう答えた。

「短い選挙期間の中で選挙報道に割ける紙面は限られている。だから、どうしても当選可能性の高い候補の主張を重点的に取り上げることになる。それに、紙面には最低限、全候補者の名前だけは載せている。もちろんそれで十分とは思わないけど、正直なところ、明らかに当選は無理だっていう候補もいるでしょう？」

　勝ち負けだけを唯一の報道すべき価値と考えれば、当然そうなるだろう。彼が言う当選可能性の高い候補とは、政党や組織の支援を得ている候補、もしくはスポーツや芸能の世界などで活躍してきた著名人だ。

「つまり、無名の新人候補が勝利する可能性はほとんどないということですよね？」

私がさらに問うと、その記者はすぐにうなずいた。

しかし、何十億円もの経費をかけて行なわれる選挙を、単なる勝ち負けの舞台にしてしまうのはもったいない。有権者が自ら考えて政治に参加していくためにも、多様な候補者の多様な主張を紹介する機会にする寛容さや余裕があってもいいだろう。

特に日本の首長選挙や小選挙区の場合、当選者が1人しか出ないために「死票」（当選者以外に投票した人の票）が多く出てしまう。現に日本の国会では、投票総数の3割程度しか得票できていない自民党が議席の上では7割を占めるという歪《いびつ》な事態も起きている。死票が多い選挙制度だからこそ、選挙を通じて多様な意見を知り、それを汲《く》み上げることは、のちのちの政権運営にも必要なことではないだろうか。

私がそう考えるのは、多様性を担保する選挙報道を世界で目にしてきたからだ。たとえば2003年に取材したアメリカ・カリフォルニア州知事選挙には、135人が立候補していた。そして、なんとその候補者全員に出演オファーを出し、「州知事だョ！全員集合」とばかりに大集合させようとしたテレビ番組があった。

私はこの時の州知事選に立候補していたカート・タチカゼから番組収録時の写真を見せてもらったが、ひな壇には100人近い候補者がずらりと並んでいた。欠席した人はスケジュールの都合で参加できなかっただけで、出演依頼が来なかったわけではないという。多様性を担保しようという構えがここまで徹底している番組があることに、私は素直に驚いた。

それだけではない。2017年5月に大統領選挙が行なわれたフランスでも、日本とは一味違う選挙報道がなされた。

いわゆる「主要候補」から「泡沫候補」に至るまで、全11人の候補者によるテレビ討論会が実際に行なわれたのだ。全4時間にもわたる討論番組では、すべての候補者の話す時間が平等になるように、画面上に持ち時間が表示されていた。

フランスの大統領選挙は、1回目の投票で有効投票総数の過半数を獲得する候補者がいなかった場合、2週間後に上位2候補による決選投票が行なわれる。

まずは候補者全員の話を聞く。そして混戦であれば、上位2名による決選投票で「どちらを支持するか」をもう一度問う。

有権者にとっては極めて面倒な仕組みで、すべての候補者に向き合うのはたしかに大変だが、有権者と立候補者の双方が少しでも選挙結果に納得し、その上で責任を持つ仕組みを作ろうという意識を私は感じる。

マックが「引退表明」をした後、私は改めて話を聞きに行った。選挙に出るのをやめた後、どうするのかを聞きたいと思ったのだ。私が率直に聞くと、マックはこう答えた。

「これからも平和活動をしながら、うつ病対策や今の社会問題に対して訴えていきたい。政治家というよりも社会活動家に近いかな。今の社会には、うつ病、自殺、アメリカによるシリアへの軍事介入なんかの問題があるよね。だからアメリカ大使館にも抗議行動をしますよ。みんなは化学兵器がダメだというけれど、トマホークならいいの？　みんな、どうしてオバマに『ノーベル平和賞返せ』と言わないのか。おれは言うよ」

　私はマックに「次世代への遺言」も聞いてみた。

「やっぱりどうしても平和。恒久平和ということになっちゃうね。ハンバーガー屋の『スマイル！』（マックの、肘を開いて手を顔の前で30度に上げるポーズつき）はゼロ円だけれども、平和はゼロ円では作れない。３００万人以上の日本人の英霊、その命と引き換えにすることで、あなたは今、六本木とか赤坂の街を鉄砲玉を浴びる危険性なしで歩けるわけですよ。この重みをみなさんにも体感していただきたい。それが私の遺言です。私の言っていることの意味がわからなければ、ヒロシマ、ナガサキ、鹿児島。ぜひ、こういうところに行って、見てきてください」

　マックは行動を重視する。尊敬する吉田松陰《よしだしょういん》や三島由紀夫《みしまゆきお》の生き方を手本に生きたいという。マックは真面目な話ができないわけではない。スマイルダンスの合間には、ちゃんと真面目な話もしている。政治のこともおふざけではなく、マックなりに真面目に考えている。

では、なぜその内容がほとんど伝わってこないのか。マックの真面目な話を報じる人が、世の中にはほとんどいないからだ。

引退宣言　撤回

マックは政界を引退した。いや、正確には選挙に当選して政治の世界に入ったことはないから、立候補を引退したということになる。

そこから4ヵ月が過ぎた2013年11月。当時の東京都知事、猪瀬直樹に金銭スキャンダルが発覚した。猪瀬は2012年の都知事選の前に医療法人徳洲会《とくしゅうかい》グループから5000万円を借り入れていたが、選挙運動費用収支報告書や都知事資産報告書に借入金を記載していなかったのだ。この混乱を受けて猪瀬は辞任。年明けに都知事選が行なわれることになった。

2014年1月上旬、私はマックの携帯電話に連絡を取った。猪瀬が当選した前回の都知事選には、マックも立候補していたからだ。

トゥルゥー、トゥルゥー、トゥルゥー。

携帯電話の呼び出し音のトーンが通常よりも高い。相手が海外にいる時の呼び出し音だ。数回コールが鳴った後、留守番電話に切り替わったところで私は短いメッセージを残した。

「うかがいたいことがあるのでまたお電話します」

メッセージを残してから数時間後。マックから私の携帯電話にショートメールが届いた。マックはやはり海外にいるという。

私はそのメールへの返信で単刀直入に「都知事選、どうされますか」と質問した。それに対するマックの返答はこうだった。

「帰りましたら連絡します♪」

もし出ないのであれば「出ません」と即答すればいい。だが、そう返答してこなかった。そして相手はマック赤坂だ。導き出される答えは一つしかない。

私はマックの出馬を確信した。

私は引退インタビューをした後も「マックが立候補をやめることはないだろう」と推察していた。世の中の状況を見れば、マックが選挙に出ないことは考えられなかった。

2013年11月29日、自民党幹事長の石破茂《いしばしげる》は特定秘密保護法に反対する国会周辺のデモに対して「単なる絶叫戦術はテロ行為とその本質においてあまり変わらない」とブログに書いた。この「デモはテロ」発言に対して世間では批判が高まった。これを受けて石破は12月2日に「本来あるべき民主主義の手法とは異なる」と表現を訂正した。

実はその問題が起きる前から、マックは石破への警戒心をあらわにしていた。マックは先の参院選の政見放送で「抑止力」について異議を唱えた。その背景には、石破の対談本『軍事を知らずして平和を語るな』（清谷信一《きよたにしんいち》氏との共著、KKベストセラーズ、2006年）を読み、石破の考え方に違和感を覚えていたということがあった。

「朝鮮中央テレビのアナウンサーが力強くニュースを読むのを見て、日本人は嘲笑したり、悪く言ったりしているよね？　でも、本当は笑えない。あれ、昔の軍国主義の日本にすごく似ているんだよ。そんな中、北朝鮮を『仮想敵国』にして自衛隊を正当化しようとしているのが今の自民党。そして、安倍のあとには必ずリンゴちゃんが出てくる。リンゴちゃんっていうのは石破茂のこと。みんな、それに早く気づけ！　と言いたいね」

石破に対する評価をマックは私にそう述べていた。そして石破の「デモはテロ」発言の遥《はる》か前から、国会周辺で行なわれるデモに対して肯定的な評価をしていた。

「今の制度は選挙によって国会議員を選ぶ間接民主主義ですよね。ところがその国会議員は平和のためには何もやらない。やらないどころか、逆に戦争への道を進もうとしている。そうしたらもう、日本人は直接民主主義の道を模索すべきですよ。デモもどんどんやったらいい。原発再稼働反対のデモにあれだけ人が集まったのもすごい。おれも見習おうかなと思ってる」

マックによる返信からほぼ1週間後の2014年1月14日。日本に帰国したマックは約束通り私の携帯電話に電話をかけてきた。

「出馬表明の記者会見を都庁記者クラブでしたいんだけど」

そこまでは予想通りだった。しかし、それに続けてかけられた言葉は予想外のものだった。

「あんた、記者会見をダンドリしてくれる?」

それは無理だ。そもそも私は都庁記者クラブに属する人間ではない。私が即座に断ると、マックは「う〜〜ん」と唸《うな》り声を上げた。

「困ったな……。これまで秘書をやっていた櫻井が辞めたから、どうしたらいいのか、まったく勝手がわからんのだ」

櫻井が辞めた、という言葉に驚いた。これまでマックが選挙に立候補するたび、マックのそばには一人の男がついていた。それが秘書の櫻井武だった。

櫻井はマック赤坂が乗るロールス・ロイスを運転し、選挙の際にはメディア対応も担当していた。マックの携帯電話に電話をかけると、櫻井が出ることもしばしばあった。

櫻井はもともとアルバイト情報誌の求人を見て、マック赤坂の運転手になった。募集要項には「ロールス・ロイスの運転手。時給４０００円」と書かれていたという。しかし、実際に勤務しはじめると、試用期間だからと２０００円しか支払われなかったという。

「いきなりディスカウントされましてね（笑）。まあ、その後は昇給しましたけど。でも、マックに理不尽なことを言われても、なんか憎めないところがあるんですよね」

かつて私にそう語っていた櫻井は、一時期、「ファンキーたけし」という名前でスマイルセラピーのインストラクターまでやっていた。もともとは運転手だけのつもりだったが、「行きがかり上、いろいろやることになって」と選挙の手伝いもするようになったという。

マックの街頭演説はゲリラ的だ。そもそも選挙に立候補してもマスメディアに報じられないため、マックが候補者だと知らない人も多い。そのため街頭での奇妙なパフォーマンスに驚いて警察に通報する人が時々いる。駆けつけてきた警察官も、マックが候補者だと知らないことが多かった。そんな時、立候補者が街頭演説の際に掲げる標旗を手に、毅然《きぜん》とした態度で警察官を追い返してきたのが櫻井だった。

「候補者の演説や！　あんたら、候補者の演説を妨害したら選挙違反になるで！」

櫻井は腕力ではとても警官には敵わないような華奢《きやしや》な体つきだった。しかし、マックの選挙戦に随行している時は、大きく、頼もしく見えた。櫻井はマックが他人からどんなにバカにされようとも、黙ってマックの活動を見守り、自由な選挙運動を続けさせた。マックが都庁前で下半身をあらわにした時も、櫻井がマックを止めることはなかった。その櫻井が辞めた。二人は固い絆《きずな》で結ばれていると思っていたが、どうして辞めたのか。私の問いかけに、マックはこう答えた。

「リストラや。本業のレアアースが不況で、今、2、3億円分ぐらいの在庫損を抱えてるんや」

櫻井には家庭があった。難病の娘もいた。マック赤坂をはじめとする、いわゆる「泡沫候補」を追った映画『立候補』（藤岡利充《ふじおかとしみち》監督、2013年）では、櫻井が病院で娘を愛《いと》おしそうに抱くシーンも描かれていた。私はこのシーンを観《み》て、思わず泣いた。

その櫻井をリストラしなければならないほど、マックは本業が苦しいのだろうか。それなのに、これまでの経験から推察すると戻ってくる可能性の低い供託金を支払い、選挙には出るのか。私が電話口で考えを巡らせていると、マックが続けた。

「ところであんた、レアアース買ってくれんか？　10年ぐらい我慢しとけば売れるよ」

「いや、それも無理です」

この依頼も即座に断ると、マックは再び真面目な声で私に言った。

「じゃあ、都庁記者クラブの電話番号を教えてくれんか。連絡先が全然わからなくてさ」

私は東京都庁の代表番号を調べてマックに伝えた。

「ここに電話して『記者クラブにつないでください』と言えば、記者クラブの幹事社につながります。記者会見のセッティングは、月ごとに替わる幹事社が担当しているはずです」

「そうか。ありがとう」

「ところで櫻井さんが辞めたら、ロールス・ロイスの運転はどうするんですか」

「自分で運転する。だから今、自動車学校に通っているところだ」

そう言って電話を切りそうになるマックを制して、私は引退宣言を撤回する理由を改めて尋ねた。

「理由？　黙ってはいられないということだよ」

たった一言。予想通りの答えだった。

「一人で戦っとんや。お前にできるかそれが！」

マック赤坂はインターネット上では有名人になっていた。しかし、新聞やテレビなど主要メディアのマックに対する扱いは、相変わらず冷たかった。詳しい政策が取り上げられることは皆無に等しい。これではいつまで経っても得票を伸ばすことは難しいだろう。

そこでマックはさらに考えた。思いついたのは、いわゆる主要候補の演説会場に押しかけ、抗議の演説をすることだった。そうすれば主要メディアも扱うだろう、と。

政見放送と並んでマックが有名になるきっかけをつくったのが、前述した映画『立候補』だ。この映画のクライマックスには、2012年12月の衆議院総選挙の選挙戦最終日（12月15日）、秋葉原で街頭演説をする安倍晋三《しんぞう》、麻生太郎《あそうたろう》のもとに「乱入」するマックの姿が映し出されている。マックは翌日に投開票を迎える都知事選に立候補していた。

その街頭演説には1万人を超える聴衆が集まり、その手の多くには日の丸の小旗が握られていた。その場が高揚感に支配されていたことが伝わってくる。

この人波に入るためには、自分も日の丸を持たなければならない。そんな同調圧力すら感じさせる雰囲気の中、スーパーマンのコスプレ姿のマックはロールス・ロイスの屋根から体を出し、日の丸ではなく、いつもの誘導灯を一人で振ってスマイルダンスを踊っていた。

選挙戦最終日の演説は選挙戦の打ち上げでもあり、初日の第一声と並んで一番盛り上がる。自民党大演説会となったその会場で、マックただ一人が浮いていた。

当然、集まった聴衆からは「マックやめろ！」「マック帰れ！」の怒号が飛ぶ。1万人のブーイングが向けられる先は、マック赤坂ただ一人だ。

この時、映画のカメラはもう一人の男をとらえていた。マックの息子である健太郎《けんたろう》だ。健太郎は人波の匿名性に隠れてやじを飛ばし続ける聴衆に向かい、思わず叫んでいた。

「お前が何か言うことあるんだったら、ここ（街宣車：筆者注）乗ってやれよ！」

健太郎はマックが立ち上げたレアアースの商社を手伝い、現在は社長を務めている。しかし、これまで一度も父親の選挙を手伝ったことはなかった。父親の立候補を知っても、自分は淡々と会社で仕事をしてきた。そんな健太郎が初めて手伝った選挙で見たものは、圧倒的多数の聴衆から罵倒される父親の姿だった。それでも父親は1万人の圧力に一歩も引くことなく、その場に居座り続けて自分のスタイルを貫き通していた。

「一人で戦っとんねん、一人で戦っとって何が悪い？」

「一人で戦っとんや。お前にできるかそれが！」

健太郎はさらに声を張り上げて叫んだ。

マックは息子の健太郎が聴衆に向けて発した言葉を思い出しながら、私にこう語った。

「びっくりしたよ。まさか彼があんなことを言うなんてね。これまではどちらかといえば『選挙には出るな。少なくとも本名で出るな』とおれの立候補には批判的だったんだよ。基本的に選挙のことに関しては親子でノータッチという不文律ができている。おれも事前に出るとも言わないし、相談もしない。だからまさか秋葉原に彼がやってくるとは思っていなかった。

だけどあの時に彼が叫んだ言葉は、半分は親父のことを思って、半分は自分自身に向けて言っていた言葉だと思う。彼もずっと一人で戦ってきたからね」

基本的にノータッチとはいえ、二人は親子だ。これまで選挙について交わした会話を教えてくれと聞くと、マックは言った。

「一度だけ息子に聞かれたことがある。『なんで出るんだ。目立ちたがりなだけだろう』と。たしかに目立ちたがりの部分は否めない。だけどその時は『世のため人のためにやるんだ』と答えたんじゃないかな。でも、それに続けて彼に言ったことは今でも覚えてるよ。『おれはやりながら考える。そうすれば必ず結論は出る』と。それで最終的に出た結論が『平和運動』なんだ」

日本一の権力を持つ政治家を前に、聴衆が日の丸を振って熱狂する。そしてその熱は、その政治家に対抗するたった一人の男・マックに向けられる。数でいえば圧倒的優位に立つ者たちが、圧倒的に劣勢な一人を全員で攻撃する。そもそもそんな場所に自ら乗り込むマックも常軌を逸しているように感じるが、群衆の攻撃性にも異様さを覚える。

多数派対少数派。はたして自分はどちら側にいるのか。映画『立候補』は、観る者にそんな問いを投げかけていた。

「普通のことをやってもアカンやろ」

マックの「乱入」は、その後も続いた。２０１４年2月の都知事選では、舛添要一《ますぞえよういち》候補、安倍晋三首相、山口那津男《やまぐちなつお》公明党代表の合同演説が行なわれる銀座三越前に乗り込んだ。この時、マックは頭に「ちょんまげのかつら」を載せて、こう訴えた。

「私、マック赤坂は公職選挙法が大好きです！　なぜならば、これで守られているからです」

マックが言うように、選挙期間中は選挙管理委員会から渡された標旗を掲げれば、候補者は自由に街頭演説をすることができる。もし演説を妨害すれば「選挙の自由妨害罪」を犯すことになる（公職選挙法第２２５条）。しかし、街頭演説を行なえるような「人が集まる場所」は限られてくる。ゆえに、候補者同士が鉢合わせすることも珍しくない。一般的には両陣営が話し合って時間をずらすなどの措置が取られるが、マックはそうしない。メディアが「有力候補」として扱う候補の遊説先をわざわざ調べて待ち受ける。

マックには、常識や紳士協定で場所を譲るという発想はない。自分からメディアが集まるところに繰り出し、「おれを見ろ」「おれを映せ」とアピールする。裏を返せば、本来は同等な立場にあるはずの候補者が、現実にはそこまでしなければ同じ土俵に立てないということを誰よりもマックは知っている。

２０１４年3月の大阪市長選挙（9日告示、23日執行）にマックが立候補した時には、12日に行なわれた橋下徹陣営のタウンミーティングにも乗り込んだ。その前日、選挙取材のために大阪入りしていた私の携帯電話に、マックからこんな電話がかかってきた。

「明日、私は橋下陣営のタウンミーティングに行って公開討論会を申し込む。あんたも取材に来たらいい」

思わず「え？」と聞き返した。街頭演説ならばまだしも、そのタウンミーティングは閉鎖された空間で行なわれるものだ。公職選挙法上は「個人演説会」になる。自民党の候補者などは、個人演説会の取材をＮＧとして報道陣をシャットアウトすることもある。そこに同じ選挙に立候補している候補者が乗り込むなど、前代未聞だ。

「普通のことをやってもアカンやろ。それに公開討論会の申し入れを橋下は無視し続けている。だから、改めて申し入れをする。これについては、どう考えてもこっちに大義がある」

そもそもこの時の大阪市長選は、橋下市長の辞任によって行なわれたものだ。橋下は

「大阪都構想」を掲げた前回の市長選挙で、圧倒的多数の支持を獲得して勝利した。しかし、市議会で都構想の議論が始まると市議会は反発。反対が相次いで都構想は頓挫していた。そこで一計を案じた橋下は「都構想について市民に信を問いたい」として大阪市長を辞職。そうした経緯を受けた出直し市長選だった。

この時、自民党、公明党、民主党などの既成政党は「この選挙には大義がない」として候補者を立てなかった。驚くべきことに、共産党も含めて、だ。その結果、橋下の他に立候補したのは、マック赤坂、藤島利久《ふじしまとしひさ》、二野宮茂雄《にのみやしげお》という無名の新人3人だった。

「私が大阪市長選に立候補したのは、橋下が選挙前から『政策論争をしよう』と呼びかけていたからなんだよ。だから公開討論会できっちり話をしようと思って立候補した。それなのに、いざ立候補してみたら橋下は公開討論会に応じようとしない。どう考えてもおかしいだろ？　おれも橋下と同じ供託金240万を払って立候補しているのに」

これがマックの論理だった。

実際、マック、藤島、二野宮の3人は、3月12日午前に大阪市役所の記者クラブで記者会見を開き、橋下に対して公開討論会を呼びかけていた。しかし、それでも橋下が他候補との公開討論に応じることはなかった。

マックに「取材に来たらいい」と指定された3月12日の夜。橋下のタウンミーティングが開かれる大阪市北区の中崎町《なかざきちょう》ホール前で待っていると、予告通りにマックが現れた。黒いコートの下には「マック赤坂」のタスキが見える。その隣には、午前中にマックと並んで記者会見した藤島の姿もあった。二人は横に並んで話をしながら歩いてくると、会場入口の駐車場前で立ち止まった。

「あ、来た！」

二人がやってきたことに気がついた報道陣がマックと藤島の前に立つ。数台のカメラに向かってマックは右手を上げてポーズを取る。しかし、そこには午前中の記者会見に同席し「自分も乗り込む」と言っていた二野宮茂雄の姿はなかった。

生活保護からの立候補

実はこれに先立つその日の午後、私は二野宮に電話をかけていた。二野宮も橋下のタウンミーティングに乗り込むかどうかを確認するためだ。電話の向こうで二野宮は私に力なく言った。

「体調不良なんで、僕は家に帰って休みますわ」

「選挙期間は限られていますけど、もう休むんですか？」

「なんか疲れてしまって……」

私は市長選挙が告示される前にも二野宮と何度か話していた。告示前日には選管を訪れた二野宮に声をかけ、大阪市役所の廊下に二人で座って話を聞いた。床にそのまま座ったのは、二人とも疲れていたからだ。私はその場で、二野宮が翌日も選管を訪れて本当に立候補するのかどうか、確かめた。

「うーん、供託金の問題はなんとかなりそうなんで、たぶん出ると思います」

詳しく聞くと、友人からお金を借りて立候補するのだという。前述したが、大阪市長選の供託金240万円は決して安くはない。私が大丈夫なのかと聞くと、二野宮は「はい、大丈夫です」とうなずいた。

「明日立候補したら、第一声はどこでやりますか?」

私の問いかけに、二野宮はいぶかるような表情で聞き返した。

「それって、やったほうがいいんですかね?　記者クラブの人にも言われたんですけど」

本当に明日立候補するのかな、と思いながら私は答えた。

「だいたいの候補はやりますよね。たまにやらない人もいますけど。やるのもやらないのも、ご本人の自由ですから。でも、記者クラブの人たちも、初日は全候補の映像を撮りたいからやってほしいって言ってるんじゃないですか」

「うーん、そうですねぇ……。そんならやりますわ」

「場所はどこでやります？」

「どこがええですかね？　畠山さんはどう思います？」

私はいつの間にか二野宮の選対会議に巻き込まれていた。しかし、特定の候補に肩入れするわけにはいかない。私は一般論しか言わないように気をつけた。

「立候補を届け出た後、市役所の前でやる人は多いですよね。記者クラブの人も集まりやすいからじゃないですか？」

「そんならそうします。あと、畠山さんには言っておこうと思うんですけど……。あ、でもこれ言ったら驚かれるかもしれない。いや、軽蔑されるかもしれない。うーん、立候補の届出が終わるまでは内緒にしておいてほしいことがあるんですけど……」

「なんですか？」

二野宮はしばらく黙った。私に言うかどうか悩んでいるようだ。

私はこの時までに自分が15年以上選挙取材をしてきたこと、文字通りいろいろな候補に会ってきたことを話し、たいていのことでは驚かないと説明した。内緒にしておく時期についても約束した。

「うーん、それじゃあ言いますけど、僕、発達障害なんです。頭がちょっと弱いんです。それから、生活保護を受けながらの立候補なんです」

まったく驚かなかった。いや、正確には「素晴らしい」と心の中で手を叩《たた》いた。

私は過去にも生活保護を受給しながら市議選に出た候補者に会っている。選挙に立候補するためには煩雑な事務作業が必要になることも知っている。そこをクリアする、いや、クリアして立候補しようと考えたこと自体が素晴らしいと思ったのだ。

私はその感情を絶対に表に出さないようにして答えた。

「生活保護や障害では驚かないですよ。そういう候補者の方とも会ってきましたから。私はむしろ、いろんな立場の人が政治に関わったほうがいいと個人的には思っています」

「ええ〜っ、全然驚かないんですか？」

二野宮は私が驚かないことに驚いていた。

「だって、みんな訴えたいことがあるから立候補するわけでしょう。それに立候補するのって、ものすごく大変なことですよ。それを決断したんだから、そのことに対して驚くも何もないですよ」

はいー、と二野宮は小さな声で答えた。

二野宮は小学校と中学校を不登校のまま卒業した。高校には行っていない。しかし、大検を受験し、合格。近畿大学通信教育法学部法律学科に入学した。

大学は中退したものの、２００９年の尼崎《あまがさき》市議会議員選挙に立候補した経験もある。この時は59人中56番目の２９１票で落選しているが、立候補の手続きや選挙運動は経験済みだ。一度すべての流れを経験しているだけに、立候補へのハードルは未経験の人よりも低いはずだ。つまり、今回も立候補する可能性はかなり高い。となると、ここからは立候補予定者として話を聞かなければならない。

そもそも二野宮が政治家を目指した理由はなんなのか。

「今の世の中が悪いのは『すべて政治家が悪いからだ』と言う人がいますけど、自分は不平や不満があれば他人のせいにはせず、自分でなんとかしたいんです。なので、自分が政治家になって世の中を良くしたいと思ったんです」

二野宮は自ら行動し、積極的に政治に関わろうとしていた。不平不満を言っているだけの人間とは違う。しかも、二野宮は私よりも年下だ。私は他のすべての立候補者に接する時と同じように敬意を払いつつ、二野宮に聞いた。

「具体的に今回の選挙で訴えたいことはなんでしょうか」

二野宮は真面目な顔で答えた。

「自転車に2《ツー》ロックを義務付けて、盗難防止をしたい」

んんん？　2ロック？　それは何ですか？

「2ロックって、自転車に鍵を二つつけることです」

たしかに鍵一つよりも盗難防止に役立ちそうだ。しかし、なぜ最初に口をついて出る政策が2ロックなのか。ひょっとして自転車を何度も盗まれた苦い経験があるのだろう

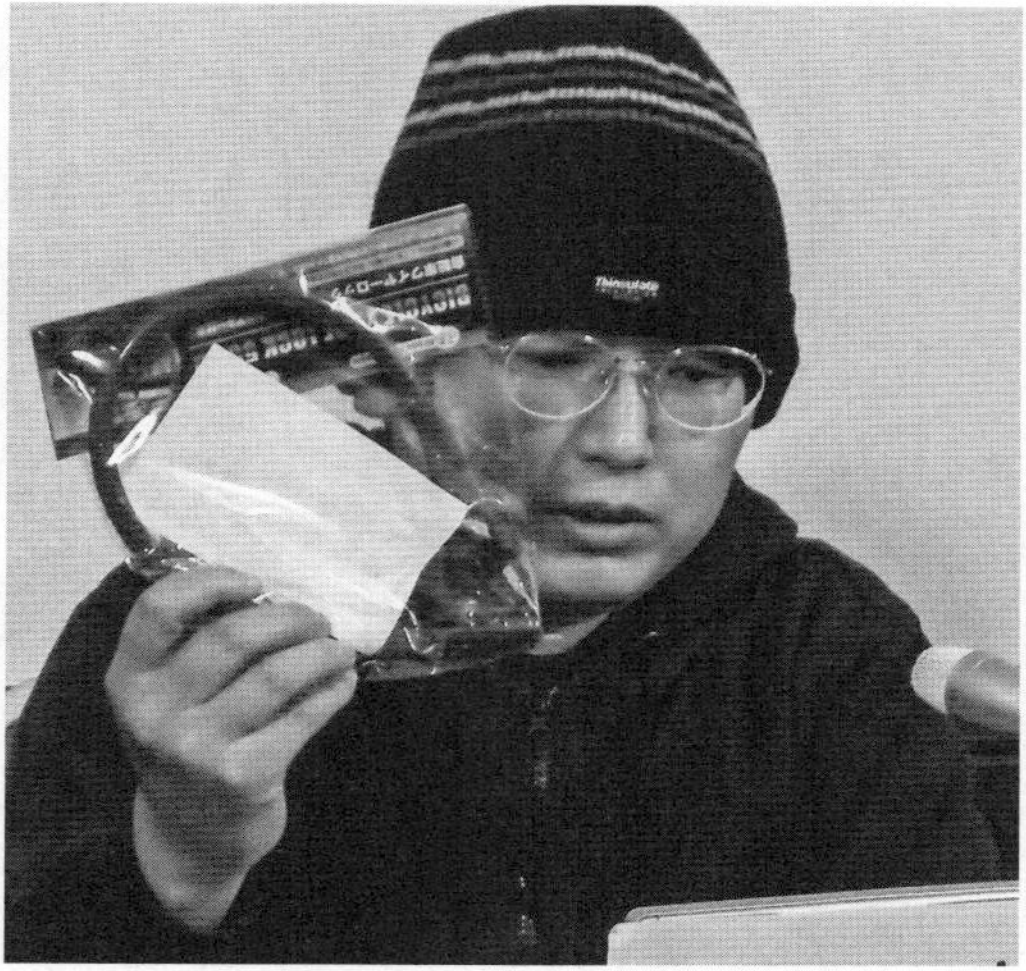

2ロックの意義を訴える
二野宮茂雄候補

か。

「いや。盗まれたのは僕じゃないです。友達が何度も盗まれて怒ってたから……」

そうなんですね、と相槌《あいづち》を打つと、二野宮は胸を張った。

「ただしですね、今ある自転車には義務付けません。新しく販売する自転車に対して、販売店側に2ロックで売ることを義務付けるんです。今ある自転車にも義務付けたら、大変なことになりますから」

なるほど。他にはどんな政策があるのですか。

「あとは飲食店のチャージ料の廃止」

今度こそ自分が嫌な思いをしたのだろうか。

「いや、これも僕じゃないです。友達です。チャージって、お店によって1000円だったり500円だったりバラバラでしょ。これだとお客さんも入りにくいし、気づかずに後から言われて請求されたら、『嫌なお店〜』って思いませんか?」

二野宮がとても友達思いであることはわかった。私は次にどんな政策が出てくるのだろうかと思い、「その他には?」と聞いた。二野宮は一瞬考えた後、思い出したようにこう答えた。

「あ、あと、都構想には反対します」

この時の大阪市長選は、橋下徹による大阪都構想への賛否が争点だった。だとすると、有権者に訴えるとしたらそれが1番にきてもよさそうなものだ。しかし、二野宮は3番目に挙げた。

なぜ都構想に反対なのか。私がその理由を聞くと、二野宮はニコニコしながら答えた。

「政策の中身というよりも有権者のためです。今回、都構想に反対の政党は候補を立てないでしょう？　そうすると都構想に反対の人は投票する先がないです。だから僕は都構想に反対です」

あくまでも人のため。二野宮は公共心にあふれる候補者だった。

荷物が多すぎて「七つ道具」を道端に忘れる

大阪市長選挙の告示日。二野宮は前日に話した通り、選挙管理委員会で立候補届出を済ませると、大阪市役所前で第一声を行なった。この機会を逃したら次はいつ会えるかわからない。二野宮の周りには記者とカメラマン、合わせて30人ほどが集まっていた。グレーのダウンジャケットにジーンズ。頭には白とグレーのラインが2本ずつ入った黒のニット帽。左肩にかけていたタスキは、Ａ４のコピー用紙を縦に6枚つなげてテープで留め、環状にした手作りのものだった。「二野宮茂雄」の文字は黒いペンでレタリングした手書きだ。二野宮は自分で持ってきたラジカセに自前のマイクをつなぎ、第一声を発した。

「はじめまして、二野宮茂雄です」

小さなラジカセだが、思いのほか音が大きい。緊張した表情で少し声を震わせながら、用意してきた演説原稿を左手に持ち、右手でマイクを持って読み上げた。

「僕のことを簡単に自己紹介させていただきます。僕は1976年、兵庫で生まれました。（中略）ひきこもりな生活を送ってきましたが、テレビで見た政治家希望の人物に憧れて、2009年に尼崎市議会議員選挙に立候補し、落選しましたが、政治家を志す気持ちはますます強くなりました。みんながのびのびと楽しく生きれる社会にしていきたいという気持ちで、僕に何かお手伝いできることがあればがんばりたいと思っています」

二野宮が一呼吸おく間、報道陣はじっと見守る。

「大阪都構想に反対しています。今回の大阪市長選の出直し選挙では、大阪都構想一本に焦点が集中している、異常な選挙だといえます。政党各派は大阪都構想に反対しているにもかかわらず、擁立候補を立てないままで選挙戦がスタートしてしまいました。このままでは、大阪都構想に反対している人たちの意見が反映されません。僕は反・都構想という主張でこの選挙を戦っていきたいと思っています。大阪が大好きな人に応援してほしい」

　また、間が空く。

「大阪には『あべのハルカス』という日本一高いビルが新たに誕生しました。高さ300メートルあるらしいです。大阪には全国に誇れるビルや文化がいっぱいあり、決して東京には負けていません。今の文化をもっともっと発展させ、みんなが楽しく大阪で生きていけるような街づくりをしていきたいと思います。どうか応援していただけるとこんな幸せなことはありません。以上です、ご清聴ありがとうございました」

　5分に満たない短い第一声だった。終わると、二野宮は荷物をまとめてすぐにその場を立ち去ろうとした。記者たちが慌てて二野宮を追いかけて取り囲み、ぶら下がりでの取材が始まった。

「こちらで第一声をなさったのはどうしてですか？」

　市役所詰めの記者の問いかけに、二野宮は即答した。

「フリーライターの畠山さんに、ここでやったほうがいいって言われて……」

　いやいや、私はそこまで言ってない。

「ああー、なるほど。フリーライターの畠山さんに……」

　カメラは回り、集まった記者たちがメモを取っている。すぐさま割り込んで訂正しようかとも思ったが、選挙中の候補者にとっては一分一秒も貴重な時間だ。私は訂正する

とした。

記者たちの取材が一通り終わると、二野宮は荷物を持って、またどこかに移動しようとした。

一人で動く二野宮の手荷物は多い。スピーカー代わりに使うラジカセや、演説中の旗を立てる台も一人で持ち歩かなければならない。その上、選管では立候補届出とともに「選挙の七つ道具」が入った大きな青い紙袋も渡されていた。

「七つ道具」とは、選挙事務所の標札、選挙運動用自動車・船舶表示板、自動車・船舶乗車船用腕章、選挙運動用拡声機表示板、街頭演説用標旗、街頭演説用腕章、個人演説会用立札である。これさえあれば選挙中はどこでも自由に運動ができる。逆に言えば、これがなければ運動をすることはできない。

記者たちから解放された二野宮にその日1日の予定を聞くと、うーん、家に帰ろうかなぁ、という雰囲気を出して考え込んでしまう。選挙戦が始まったばかりなのに帰ってしまうのか？　人がたくさん集まる場所には行かないのか？　私は大阪で街頭演説がよく行なわれる場所の名前を挙げて聞いてみた。

「梅田とか、なんばとか、そういうところは行かないんですか？」

「そんなら、ちょっと行ってみます」

二野宮はそう言ってラジカセと旗を立てる台を手に持つと、バックパックを背負って、トコトコと市役所を後にした。

「二野宮くん、大丈夫ですかねぇ」

先ほどまで二野宮の第一声をインターネットで生中継していた旧知の記者が私にそう言った。

「今日はすぐ家に帰らないで運動するみたいだから、大丈夫じゃないですかね」

私はそう答えて、その記者が中継機材を片付けるのを見守った。雑談しながら今後の予定を情報交換した後、お互い次の取材場所に移動することになる。

「じゃあ、私はこれで」

「おつかれさまです」

あれ？　私はその記者の2メートルほど後ろの道端に、青い紙袋がぽつんと置かれているのを見つけた。

「一つ、袋を忘れてますよ」

「え？　僕のじゃないですよ。畠山さんのじゃないんですか？」

この青い袋、どこかで見覚えがある。

すぐにピンときた。選管で候補者に渡された「七つ道具」を入れる紙袋だ。

記者立ち会いのもと、急いで袋の中身を確認する。腕章や標札などの七つ道具に交じって、「二野宮茂雄」と書かれた立候補届出の確認書類も入っていた。

「これ二野宮さんのだ！」

「ええっ！　こんな大事なものを！　どうします？」

急いで二野宮の携帯電話にかけてみたが、すでに電車に乗ってしまったのか電話に出ない。かといって、このまま置いておくわけにもいかない。

私は大阪市選挙管理委員会に電話した。

「すみません、市役所前に候補者が七つ道具の入った紙袋を忘れていっているようです」

「ええっ！」

本人に電話をしたが出ないことも伝えると、選管の職員は「今からそちらに行きます」と言って電話を切った。

ほどなくして、選管職員が走ってやってきた。

私が「これです」と指さすと、選管職員が中身を確認。

「とりあえず選管で預かっておきますわ」

と言って市役所に戻っていった。

「七つ道具が入った袋を市役所前にお忘れです。選管で保管してくれています。すぐに選管に連絡してください」

私は二野宮にショートメールを送り、次の取材場所に移動した。

道端に置き忘れられた
二野宮茂雄候補の青い袋

二野宮は、とにかくマイペースな優しい候補者だった。マックや藤島と記者会見した後も、なぜかマックの荷物を持たされていた。二人と一緒に橋下のタウンミーティングに乗り込んでいても、二人のハイテンションにはついていけなかったかもしれない。

「暴力！　暴力！　撮れ！　撮れ！」

話を橋下のタウンミーティング会場に戻す。

マックと藤島は会場前で報道陣の撮影に応じていた。二人は橋下に公開討論会を呼びかけるためにやってきたのだと胸を張った。報道陣の撮影が一通り終わったとみると、マックは会場入口を指さし、一声かけて悠然と歩きはじめた。

「GO！」

マックと藤島を報道陣が取り囲み、そのままラグビーのモールのような状態で会場入口へと移動する。この日の会場には日本維新の会の幹事長であり大阪府知事でもある松《まつ》井一郎《いいちろう》も来る。そのため、受付にはセキュリティチェックのための金属探知機が設置されていた。マックは他の集会参加者と同じように並んでそのゲートをくぐって、会場に入った。

タウンミーティングの会場にはすでに300人ほどが集まっていた。立ち見も出て身動きが取れないほどの盛況だ。会場後方に設けられた報道陣のカメラ席も満席となっていた。

マックは会場に入っても上着を着て腕組みをしていたため、周囲からはタスキが見えない。しかし、会場に集まった聴衆は「変な人が入ってきた」ことには気がついた。マックは会場の中ほど、舞台に向かって左側の壁際に立ち、最初はおとなしく前座に立つ人たちの話を聞いていた。しばらくすると、マックの周りにスーツ姿の男が数人、その動向を監視するかのように配置された。橋下陣営のスタッフだ。気がつくと、マックがいる場所から舞台へと続く通路には、4、5人のスタッフがあえて通路を塞ぐように立っていた。

橋下徹が到着するまでの間、マックはときおり会場後方の報道陣のカメラに向かってガッツポーズを取ったり、何かしゃべる素振りを見せたり、カメラを指さしたりしていた。話を真剣に聞いている聴衆にしてみれば、目障りなこと、この上ない。

さらにその後、マックは上着をずらし、タスキを報道陣に見せるジェスチャーをした後で上着を脱いだ。橋下徹の個人演説会場なのに「マック赤坂」のタスキ。これを見ていた維新の会の大阪府議・尾田一郎《おだいちろう》が会場の空気を乱さないようにゆっくりとマックに歩み寄り、マックの耳元で何かをささやいた。どうやら、タスキを外すように言ったようだ。

マックは尾田に対してうなずくと、おとなしくタスキを外した。しかし、個人演説会場でそんな大きな動きをする人はいない。マックの動きはかなり目立つ。

「あれ？　マック赤坂やんか」

「ホンマや。ここでなにしとんねん（笑）」

「アタマおかしいんとちゃうか」

会場からはそんなひそひそ話も聞こえ出した。

午後8時40分過ぎ。別のタウンミーティング会場から橋下が駆けつけると、聴衆から大きな拍手が起きた。そして、先に都構想についての説明を終えていた松井一郎が言った。

「だいたい、一通り（説明は終わった）。だからどんどん、もう質問で答えてもらいたいと思います」

その言葉を待っていたかのように、会場でひときわ大きな声を発して勢いよく手を挙げた男がいた。マック赤坂だ。

「はい！　はい！　お願いします！」

会場にマックがいることに気づいていた松井は、マイクを通してこう言った。

「待ってくださいね。マックさんにはマイクは渡せないですからね」

橋下徹候補の
タウンミーティングを訪れ、
壁際に立つ
マック赤坂候補（左）と
藤島利久候補

「なんで!?」

マックが大きな声で聞き返すと、松井はマイクで説明した。

「これ、選挙違反になるんですよ」

「ウソやー」

「ホント、ホント。変な法律あるんです」

「なんで選挙違反になるんや」

「候補者やからです」

「そしたらマイクなしでしゃべりますよ」

「短く1問ですよ」

このやりとりの途中で異変が起きた。マックの後方には、マックが入場した時から紺色のジャンパーを着た細身で白髪の男性が立っていた。その男性が突然マックの腰のベルトに手を回し、後ろからマックを思い切り引っ張ったのだ。そして、会場の中ほどにある非常口からマックを会場の外に引きずり出そうとした。

「なにするんや！　公職選挙法違反やぞ！　逮捕されるぞ！　暴力や！　暴力！」

マックが大きく体を揺すり、男性の手を振り払おうと抵抗する。松井がマイクで白髪の男性を制止しようとする。

「ちょっと、ちょっと、もういいです。騒いだらダメダメ！　マックさんも一言どうぞ」

しかし、男性はマックを摑《つか》んだ手を緩めない。マックは会場後方の報道陣のカメラに向かい、自分の後ろにいる男性を指さしながら叫ぶ。

「暴力！　暴力！　撮れ！　撮れ！」

それでも白髪の男性はマックから手を放さない。マックがカーテンの向こう側に吸い込まれそうになると、マックの隣にいた藤島が二人の間に割って入った。すると白髪の男性はマックから手を放し、今度は藤島を摑んでカーテンの向こう側に引っ張り出した。

「イテテ！　なにするんですか！」

藤島はカーテンの向こう側に消えた。

「110番！　110番！　彼も候補者やねん！　藤島候補や！　110番する、110番！」

マックがウエストポーチから携帯電話を取り出すと、今度は身長195センチ、体重120キロはありそうな坊主頭の維新の会スタッフがマックのもとに駆け寄ってきた。松井がマックに呼びかける。

「マックさん、マックさん！　邪魔しに来たんじゃないんでしょ？　邪魔しちゃダメ」

坊主頭の大柄な男性が「騒がないでください」と言いながらマックをひょいと抱きかかえて会場の外に出そうとした。マックはその手を振り払い、会場の椅子を摑んで踏ん張ったりしゃがみ込んだりしながら、引きずり出されないように抵抗した。

「あなたも110番する！　維新の会は暴力団だ！」

マックはそう言いながら携帯電話を取り出して警察に電話をかけた。それを見た松井がマイクでマックに呼びかける。

「一言どうぞ」

それを聞いた男性がマックから手を放した。ようやくマックに質問のチャンスがやってきたのだ。

しかし、この時のマックは警察に電話をかけていたため、この松井の声が聞こえなかったようだ。電話の向こうの警察に状況を説明することに集中しているため、質問をしない。

「なにしに来たんやろ。ねえ」

会場がマックへの嫌悪感でざわついた。そうこうしている間に、自力で会場に戻ってきた藤島候補が地声で質問しはじめた。

「私は景気対策として、防災を……」

藤島の質問が始まっても、マックは会場内で大声を出しながら警察への電話を続けていた。それを見かねた橋下が、マックに向かって大きな声で言った。

「電話は外でやってもらえますか！」

その声を受け、坊主頭のスタッフが再びマックの体に触れた。マックは大柄な男に腕を取られて会場の外へと連れ出された。

その間、藤島が質問を続けようとすると、橋下が藤島に言った。

「あのね、普通はね、選挙のルールでは、候補者は他の候補者の演説会には入らないんですよ。普通はね」

「わかります。わかります。普通はそうです。僕が橋下さんに討論会で質問したかったんです。さっき言った防災対策……」

藤島は質問を続けていたが、私は会場の外に連れ出されたマックを探すために荷物をまとめて会場を出た。結局、マックがこの日のタウンミーティングで質問することはなかった。

会場の外でマックを探すと、遠くのほうで本人の声が聞こえる。

「肩が痛いです！　マック赤坂の肩が脱臼したみたいです。救急車とパトカーを用意してください。ぜひ、大至急お願いします」

マックは大きな声で警察に電話をしていた。その周りには報道陣と維新の会の支援者たちが入り乱れていた。

「どこに電話しとんねん！　何が救急車や！　あんた元気やないか。どこに救急車が要るんや！　救急車呼んだら、救急車が気の毒や」

マックが電話をしながら肩を上げて、右手、左手の順にコートに腕を通すと、暗闇から正体不明の厳しい声がマックに向けられた。

「脱臼したら服は着られへんけどな！」

それでもマックは電話に向かって叫んだ。

「たぶん脱臼した！　右肩が上がらない。力が入らない！」

ほどなく赤色灯を回したパトカーが会場入口の道路にやってきた。マックは大きく左手を振って「ここ、ここ」とパトカーを誘導した。続いて救急車もやってきた。救急車に乗り込む前のマックに、日本経済新聞の記者が厳しい口調で質問をぶつけた。

「脱臼された方が服着るのを、僕初めて見たんですけど」

マックがすぐに答える。

「わかりません。脱臼かどうかはわかりません」

記者が続ける。

「わからない状況で、服も着れたなかで救急車を呼ぶって本当に困っている方がいらっしゃるかもしれないのに、救急車を呼ぶってことについて、市長を目指すあなたはどういうふうに思ってらっしゃいますか」

「本当に痛いからです」

「車を呼んで自分で病院にも行けるんじゃないですか」

「もとからここは痛いんです」

「まったく罪の意識とか感じないわけですね」

記者の矢継ぎ早の追及に、マックは目をむいて反論した。

「罪は向こうでしょ！」

記者が一瞬、ひるむ。

「それはわかります。それは置いておいて……」

再びマックが言葉で押し返す。

「置いておくというのはどういうことですか！　罪が向こうにあるのに、その罪を置いておいて、私に罪をふりかけようとするのが日経新聞なんですか！」

私も思わずマックに聞いた。

「会場に乗り込むのはかなり妨害に近いんじゃないですか。それでも乗り込んで公開討論会の申し入れ書を渡そうとしたのはなぜですか」

「文書は質問が終わった後に渡そうとしていた。質問の内容は、あくまで妨害ではなくて都構想に関する質問です。行政コストに関する質問。これは妨害ではありません」

その質疑応答をしている間も、暗闇から何度もマックに声がかかる。

「救急車来とるで〜。救急車呼ぶほど痛かったの、どうなったんですか〜？」

「乗らんのやったら救急車に帰ってもらおか〜。救急車も他に行かなあかんとこあるで〜」

マックは私との質疑が終わるとすぐに救急車に乗り込んだ。救急搬送先の北野病院が出した診断書には「右肩打撲傷　全治1週間程度」とあった。脱臼はしていなかった。

立候補したのに完全無視される不条理

マックはこの騒動から2日後の3月14日、日本維新の会のスタッフ4人を傷害罪、公職選挙法違反で告訴した。この4人は同年5月30日に公職選挙法違反で大阪府警曽根崎《そねざき》署により書類送検されたが、同年11月5日、嫌疑不十分や嫌疑なしのため大阪地検により不起訴処分になった。

実はマックはこの騒動に先立つ3月9日にも橋下候補の街頭タウンミーティング会場に乗り込み、橋下に公開討論会への参加を呼びかけていた。橋下はこの時も「議論が噛み合わなかったら申し訳ないんで考えさせてください」と、鼻で笑ってマックの申し出を断っていた。

また、橋下は3月14日のタウンミーティングでも、参加者から公開討論会の開催について聞かれた。それでも橋下は、次のように論点をずらして公開討論会を避けた。

「自分にとっては、都構想がダメなら落としてくれという選挙」

「時間はすべて都構想を説明するために使いたい」

私は橋下の他のタウンミーティングも取材したが、橋下は何度も次のような言葉を繰り返し、自らが正義であるかのように振る舞っていた。

「自民党も公明党も共産党も公開討論会に出てこないんですよ！」

たしかに自民党も公明党も共産党も候補者を出していない。しかしこの選挙には、マック、藤島、二野宮という3人が、橋下の「公開討論会をしよう」という呼びかけに応じて立候補した。それなのに公開討論会に応じない橋下に対し、3候補は選挙期間中の貴重な時間を割いて記者会見までした。それでも橋下はこの3候補の申し入れを徹底的に無視した。

橋下が自分からそのことに触れることはない。また、そのことを批判するメディアもなかった。明らかに大義のあるマックらの言い分は、橋下にもメディアにも無視され続けた。そして橋下は最後まで、マック、藤島、二野宮との公開討論会に応じることはなかった。

世の中は強い者の味方であり、メディアも勝ち馬に乗ろうとする。飛ぶ鳥を落とす勢いの橋下の不正義を非難せず、言い分をそのまま垂れ流して客観報道を装う。

せっかく立候補したのに、まったく相手にされない。正面切って訴えても徹底的に無視される。同じ立場の候補者であるにもかかわらず、「公正中立」を標榜《ひょうぼう》するマスメディアも味方してくれない。その悔しさは、立候補した者にしかわからないだろう。もし似たような感覚があるとすれば、有権者が選挙に行き続けているのに「自分の声が政治に届いていない」と感じる瞬間のもどかしさかもしれない。それでも、その悔しさは立候補者の足下にも及ばない。候補者は大きなリスクを取ってライバルの目の前に立っているのに、まるでそこに存在しないかのように無視されるのだから。

この時の大阪市長選の当日有権者数は２１１万４９７８人だったが、投票総数はわずか49万８９１８票にとどまった。投票率は橋下が市長に初当選した前回（60・92％）から37・33ポイントも下がり、過去最低の23・59％だった。

橋下の得票は37万７４７２票。２位の藤島は２万４００４票、マックは１万８６１８票、二野宮は１万１２７３票である。無効票は過去最多の６万７５０６票にのぼり、そのうち白票は４万５０９８票。無効票は投票総数の13・53％をも占めた。

そして有権者全体に占める支持の度合いをみる「絶対得票率」（得票数を有権者数で割ったもの）は、当選を果たした橋下であってもわずか約17・８％にすぎない。つまり大阪市の有権者のうち、橋下に投票した人は１００人のうち18人もいなかった。そして、最も数が多かった有権者の態度は、１６１万６０６０票の「棄権」だった。

この市長選で、マック、藤島、二野宮の３人は橋下に無視された。しかし、橋下も多くの有権者から無視されていた。

街頭演説の合間に酒を飲む

この大阪市長選の期間中、マック赤坂の主要な選挙戦術は、毎日朝から晩まで梅田駅地下の柱の前に陣取ることだった。

それはまさに選挙「運動」だった。マックはハナ肇《はじめ》とクレージーキャッツの『無責任一代男』をBGMにかけながら、朝から晩までスマイルダンスを踊り続けた。

マックの周りには渋谷ハチ公前と同じように、半径5メートルほどの「結界」ができていた。人々は遠巻きにスマホでマックの写真を撮る。「ビラをください」と駆け寄ってくる人も少なからずいた。そして、その演説の様子はツイッターなどのSNSにすぐアップされた。

「梅田でマックに遭遇www」

「マック赤坂　梅田に立ってた」

坂本九《さかもときゅう》の『明日があるさ』、アニメ『天才バカボン』の主題歌、ザ・ブロードサイド・フォーの『若者たち』……。

マックはなかなか一般的な演説をしないが、タンバリンを叩きながら次々にかける曲の歌詞が、どれもマック自身の気持ちを代弁しているかのように聞こえる。また、楽曲が生み出す世界観は、どれもマックを取り巻く環境と妙にマッチしていた。

そしてマックは、ときおりヘッドセット・マイクで『明日があるさ』『幸せなら手をたたこう』を歌う。

政治的な歩みはさておき、選挙に出続けることでマックの知名度は上がった。何度も立候補し続けることで、マックは着実に「記憶に残る候補者」に近づいている。それは単に「面白いおっさん」ということでしかないのかもしれない。しかし、「立候補していなかった」ことにされるよりはずっとマシだ。

「ちゃんと演説もせんとアカンで！」

焼酎の小瓶を持った酔っ払いのおっちゃんが、マックに一声かけて通り過ぎていく。マックは軽く手を上げて応じると、おっちゃんに微笑みを返しながら踊りを続けた。そして踊りが終わると、マイクで聴衆に大声で呼びかける。

「大阪にスマイルを！　おおきに！」

マックは踊ってばかりいるように思えるが、まったく演説をしないわけではない。実はこの時の選挙の争点の一つであった大阪都構想についても、梅田駅前でしっかり演説していた。

「都構想、都構想。やって一元化したら、税金が半分になるのか？　とんでもない！　市民税が区民税になるだけです！　府民税も都民税として残りますよ。都民税が残り、市民税が区民税になるだけの話です」

マックが都構想の問題点を自己流で解説しはじめると、大阪の人たちは足を止めて耳を傾けた。大阪では「府と市を合わせてフシアワセ（不幸せ）」というダジャレが流布する程度には、都構想への関心はあった。しかし、維新の会の支持者でも「都構想って結局、どういうこと？」とよく理解していない有り様だった。

「二重行政の撤廃だ？　撤廃どころじゃない。府市が都区になるだけ。今、区長は任命制。区議会はない。ところが都構想が実現したら選挙制になる。そうしたら今度は選挙に駆り出される。そしてその選挙費用はみなさんの区民税から出される。なんですか、この政策。それで無駄がなくなりますか。コストも手間も時間もかかる。選挙の日程もバラバラ。その選挙費用が、タウンミーティングで橋下さんが説明しているグラフには入っていない。私は伊藤忠に25年いました。だから数字には詳しいんです！」

聴衆が黙ってマックの真面目な話を真面目に聞いている。こんなシーンはめったにない。

そして聴衆がマックの次の一言を待って固唾を呑《の》むと、マックはおもむろにこう言った。

「ちょっと1曲踊らせて」

聴衆が脱力する。曲を選びながらマックは言った。

「おれ、真面目な話をやったら、橋下に負けるわけがないんだよ！」

たしかに聴衆もそれなりにうなずく説得力だ。しかし、聴衆が「この人はひょっとするとすごい人なのかもしれない」と思いかけたところで1曲踊ってしまう。

なぜなのか。もったいないとは思わないのか。

「前は真面目な話をしたら、サーッとみんな消えていった。だから曲をかけて踊った。そうすると人がまた集まるんだ」

もっと人を集めたい。今の人数には満足していない。それが最優先。そんな時に、踊ると人が集まってきたという経験が甦《よみがえ》る。だからみんなが真面目に聞いているのに踊ってしまう。

これはマックなりのサービスなのかもしれない。ハンバーガーチェーンのマクドナルドはメニューに「スマイル0円」を掲げているが、マック赤坂、いや、大阪風に言うと「マクド」赤坂は、そこに「踊り0円」も加えている。

続けてマックが選んだ曲は、植木等《うえきひとし》の『スーダラ節』だった。そしてタンバリンを振りながら歌った。もしかしたら逆効果かもしれないとわかっちゃいるけど、マックは踊ることをやめられないのだ。

1曲踊ると、また次の曲との間に真面目な話をした。そして聴衆が真面目に政治の話を聞くと、また1曲踊る。その繰り返しだ。1時間ほどこのルーティーンを繰り返すと、マックは休憩を入れた。

それまで立っていた高さ20センチほどのお立ち台から降りると、マックは荷物を置いたまま、どこかへ向かってすたすたと歩きはじめた。お立ち台は折りたたみ式だが、そのままの場所に置いていく。場所を誰かに取られることは警戒するが、荷物が取られることは警戒しない。

20メートルほど歩くと、改札のそばにある店ののれんをくぐった。そこはマックのお気に入りの串カツ屋「松葉《まつば》」だった。この店は２０１５年に梅田駅地下街の区画整理のため移転してしまったが、マックはことのほかこの店が気に入っていた。

カウンターで串カツを食べながら立ち飲みができるその店で、マックは中ジョッキの生ビールを飲みはじめた。1杯４５０円。「センベロ」（１０００円でベロベロになるまで酔える店）とはいかないものの、松葉の串カツは1本１００円から。極めて庶民的な店だ。

多くの候補者は選挙運動中には酒を飲まない。酒を飲まなくても選挙中はハイな状態になっているため、酒を飲む必要がない。ハイな状態になっているからこそ、選挙に出られるともいえる。ともあれ、少なくとも有権者から見える場所では飲まないのが普通だ。

しかし、マックは人目を気にすることなく、演説の合間にも酒を飲んだ。そして喉を潤し終わると、また定位置の柱の前に戻ってスマイルダンスを踊って演説をした。選挙道具を入れる買い物かごの中には、紙パックの日本酒「鬼ころし」が入っていることもあった。

マックは大阪での選挙期間中、超高級ホテルのザ・リッツ・カールトンに泊まっていた。しかし、選挙運動のお気に入りの場所は庶民的な梅田の串カツ屋のそば。松葉に行く時間も惜しい時は、演説の合間にかごの中から「鬼ころし」を取り出し、ストローでチューチューと飲むこともあった。

ビジネスの世界では成功を収めたマックだが、選挙の世界でＶＩＰ待遇をされたことは一度もない。松葉の前で踊り続けるマックは、大衆そのものだった。

選挙戦最終日の鬼気迫る追い込み

大阪市長選の最終日。マックは午後7時から橋下徹の最終演説会が開かれる「なんば髙島屋（大阪タカシマヤ）」前にも現れた。橋下が多くの聴衆を前に最後の演説をしていると、そこにマックを先頭にした20人ほどの団体が歩きながらやってきた。

この時のマックはガンジーのコスプレをしていた。坊主頭のかつらに丸いメガネ姿。左手で天を指さして、右手には杖《つえ》を持っている。3月の夜の屋外はまだ肌寒いが、上半身は半裸でオレンジ色の布を1枚巻いただけだ。そして「マック赤坂」と書かれたいつものタスキ。坊主頭のかつらの上には、なぜかウサギの耳をつけていた。

橋下が街宣車の上に立って演説している中、ガンジー姿のマックを見つけた橋下の支持者からは怒号が飛んだ。

「マック帰れや！」

その声にひるむことなく、マックは橋下の街宣車が停まっているロータリーをグルグルと歩き回った。その間、マック本人は一言も声を発しない。その代わりに、マックの選挙を手伝っている男性がマイクを使って連呼しながら歩く。

「大阪市長候補、マック、マック赤坂でございます！」

マックの隣には、「マック赤坂の一番弟子・マック赤坂見附《あかさかみつけ》」を名乗る坊主頭の男性がついている。マックの選挙を手伝うボランティア十数人もタンバリンを叩いて「マック！　マック！」と声を上げながらパレードのようについていく。そのうちの何人かはスマホでその様子をインターネット中継していた。

マックは無言で手を高く掲げながら歩き続けた。

「マック、うるさいわ！」

そんな聴衆の怒号に気づいた橋下が、都構想の説明の途中で聴衆に優しい口調で呼びかけた。

「まあね、マックさんもね、主張が全然通らないから、フラストレーションがたまってるんで、ちょっと勘弁してあげてください。どうぞ、どうぞ、やってください」

「お騒がせしております、マック赤坂です」

マック陣営がマイクで応じる。すると橋下が再度うながした。

「はいどうぞ、どうぞ」

橋下は自分が持っていたマイクを口元から離し、話すのをやめた。

マックは橋下の街宣車の下まで来て正対すると、道路に正座して合掌した。この時もマックは声を発しなかった。それを見た橋下が聴衆にこう呼びかけた。

「みなさん、これがねえ、民主国家の姿ですかねぇ。選挙制というものはみなさんが権力をつくるね、そういう場所なんです。どうか見てください。ちゃんとメディアが報じないとこうなってしまうという姿。どうぞ大阪市民のみなさん、きちんとね、大阪都構想の設計図を見ていただいて、最後は住民投票で判断をしてください」

まるで正義の味方のような口ぶりだ。しかし橋下はマックら3候補が呼びかけた公開討論会には一度も応じていない。自分が「公開討論会をしよう」と言って市長を辞職して選挙を始めたにもかかわらず、だ。そのことについては、引き続き自らは一切触れない。

　無言で正座から立ち上がったマックは、もう一度ロータリーを回った。その途中、12日のタウンミーティングでマックを会場の外に連れ出した大柄なスタッフが近づいてきた。

「危ないから道路に出ないで！」

　するとマックは、そのスタッフの顔の前にまわり込み、スマイルポーズを取った。

　いつものように2秒以上静止する。この間もマックは一言も発しない。無言の抗議のようにも見える。そして橋下が乗った車の前を通り過ぎると、そこからまたボランティアスタッフの一団を引き連れ、なんばの名所・戎橋《えびすばし》へと向かった。

　この時、時刻は19時半過ぎ。マイクを使って選挙運動ができる時間はあとわずかになっていた。橋下の前では一言も発しなかったマックは、戎橋に到着すると、ようやくマイクを使って訴えた。

「ガンジーの格好をしたのは、戦争をさせないためです！　戦争は止《と》めなければならない！」

　マックが真面目なメッセージを発している。ガンジーの姿で平和を訴える熱い演説だ。しかし、聴衆が感情移入を始めそうになると、

「かに道楽、おおきに！　びっくりドンキーも！　グリコ、おおきに！」と小ネタを挟む。そして今度は尾崎　豊《おざきゆたか》の『I　LOVE　YOU』を大音量でかけて踊る。

1曲踊り終わると、マックは突然、人混みをかきわけてどこかへ行ってしまった。慌てて電話をかけたが出ない。近くにいたスタッフに聞くと、「トイレを借りに行ってます」と言う。

しばらくその場所で待っていたが、一向に戻ってこない。そうこうしているうちに、時計は20時を回ってしまった。これ以降はマイクを使って選挙運動をすることはできない。

しかし、この時の大阪市長選では、インターネット選挙が解禁されていた。インターネット上であれば、この日の23時59分59秒まで選挙運動をしてもいいことになっていた。

そのため私は大阪市長選に立候補していた全候補に声をかけ、インターネットの動画中継サイト、ニコニコ生放送で「ネット最後の訴え」をしないかと声をかけていた。

橋下陣営からは「検討中」との返事をもらっていたが、最終的にはニコニコ動画に維新の会が開設した公式チャンネルに出演することになった。そのため独自のチャンネルを持たない橋下以外の3候補が、私の運営するニコニコ動画「畠山理仁チャンネル」で最後の訴えを15分ずつ行なった。収録場所は西梅田に借りた貸し会議室。そこに3人の候補が順番にやってきて、ネットの向こう側にいる有権者に自分の主張を存分に話した。

この「ネット最後の訴え」が終わった後、マックは西梅田から梅田駅に向かった。

「ネット最後の訴え」の会議室で一緒になった二野宮茂雄も、なぜかマックについてきた。二野宮は以前と同じように、なぜかマックの荷物を持たされていた。

「マイクはもう使えんけど、有権者に最後まで手を振りたいんや」

マックは3月22日の24時ギリギリまで梅田駅の近辺を歩き回り、道行く人たちに手を振った。エスカレーターや動く歩道を行ったり来たりし、駅の改札前でもスマイルを振りまいた。

「あ！　マックさんや！　一緒に写真撮って」

結婚式の二次会帰りの若者グループや飲み会帰りの学生たちがマックに声をかける。マックはそれに応えてスマイルポーズを取る。写真を撮り終わると「おおきに！」と声をかけて、またすぐに人が多くいそうな方向を目指して、ずんずんと歩いていく。

「まだ時間がある！」

マックの目は真剣だ。通り過ぎる有権者一人一人と目を合わせようとする。かなりの早足でひたすら歩き回りながら、全方向にスマイルを振りまく。最後の15分はまったく立ち止まらなかった。私はそんなマックを追いかけ、時には前にまわり込みながら撮影を続けた。

「今、何時だ？」

真夜中の24時が近づくと、マックは頻繁にスタッフに聞いた。

「あと2分です」

「急げ！　走るぞ！」

もともと走っているのだが、マックはさらにスピードを上げて人波に向かっていく。

「残り5秒、4、3、2、1、終了です！」

スタッフが時間を告げると、マックは「やり切った」という表情を見せた。ようやく足を止めると、マックはその場でタスキを外し、最後まで一緒に活動した一番弟子のマック赤坂見附ともう一人の男性スタッフ、そして最後の瞬間まで取材を続けた私の顔を見た。荷物を持たされていた二野宮はマックの激しい動きについてこられず、いつの間にかはぐれていた。

「ビール飲もうか」

マックの掛け声で私たちは目の前にあった焼肉屋に入った。私は注文とともに自分が飲む1杯分のビール代をテーブルに置き、ビールが運ばれてくると一気飲みした。

「選挙戦、最後までお疲れ様でした」

私がそう言って店を立ち去ろうとすると、マックは言った。

「なあ、正直なところ、おれ、何票取れると思う？　ちょっと聞かせてくれんか」

困った。選挙に立候補すれば、まず0票で終わることはない。立候補すれば、必ず誰かが票を入れてくれる。私がこの時までに見てきた選挙で、0票だった候補者はいなかった。だからといって、「1票以上は取れると思います」とも言えない。

私は少し考えた後、これまでの選挙取材で必ず立候補者に言ってきた言葉を絞り出した。

「選挙は投票箱を開けてみるまでわかりません」

マックは納得していないようだった。

「いや、おれも子どもじゃないんだから、当選できないことはわかってるよ。でも、何票入ると思う？」

「それは開けてみるまでわかりません」

「そうか」

「はい」

「供託金、返ってくるかな」

「有効投票総数の10％取れれば返ってきますよ」

マックは少し黙ってから、大声で言った。

「返ってきてほしいなぁ〜〜！」

これ以上私に聞いても期待する答えが出ないことを悟ったマックは、一息ついて焼肉屋の店員を呼んだ。

「白ワインちょうだい！」

私はもう一度「お疲れ様でした」と言って店を後にした。

どんな情報にも意味がある

ものごとを「判断」するのは大変な作業だ。正しい判断を下すためには、より多くの情報を手に入れ、自分で消化することが必要になる。

しかし、世の中には情報があふれている。それをすべてチェックするのは、これまた大変だ。そこでマスコミは、役割の一つとして、人々の「手間」を省くためにあらかじめ「意味がないと思われる情報」をふるいにかけ、「必要と思われるもの」を提供する。

しかし、一方で「どんな情報にも意味がある」という考え方があってもいいのではないか。それは「どんな人生にも意味がある」ということと似ていると私は思う。

偉人の人生だけに価値があるわけではない。当然ながら、市井の人々にもそれぞれ歴史やドラマがある。それと同様に、著名候補の訴えだけが素晴らしいわけではない。無名の新人候補の訴えにも見るべきものがあるし、未来へのヒントがあふれている。無頼系独立候補の選挙戦を取材していると、何度もこの思いを強くする。

マックの立候補を無視することはたやすい。街中で出会ったマックを冷笑するのも簡単なことだ。それ以上にもっと楽なのは、選挙に関心を持たず、選挙と無関係のスタンスを取ることだ。それはクールでかっこよく見える。忙しい毎日を送る上での賢さなのかもしれない。

だが、私はそれを愚かな賢さだと思う。めぐりめぐって、結果的にそのことが自分の人生に不利益をもたらすこともあるのだから。

それでは、簡単ではないほうに足を踏み出せばよいかというと、一概にそうとも言い切れない。多くの石の中からわずかな玉を見つけ出すのは、とても骨の折れる作業だ。正直なところ、マックの選挙運動に向き合うことは大変だ。面白いこともあるが、苦痛を伴うことも多い。まず、選挙にウサギの耳のコスプレが必要なのかと考えるだけでも頭が混乱する。

マック赤坂の街頭での活動を「ちらりと見た」人たちは言う。

「コスプレなんかして、政治をバカにしている」

そう言いたくなる気持ちは少なからずわかる。だが、何度そう言われても、マックはいつも全力で笑いを取りにくる。人々はその姿を見て笑い、さらには嘲る。それでもマックは汗を流して踊ることをやめない。その先には創りたい社会があるからだ。そして私は、そうした思いを知ってしまった。

そうした思いを持った人間を、どうすれば無視できるのだろうか。

マックの行動を理解できない場合には、こう考えるといい。

「自分がマックと同じように立候補し、無視されたらどう思うか」

誰だって「自分の人生に意味がない」とは思いたくないだろう。自分の存在が無視され、あからさまに無関心な態度を取られることほど辛いものはない。そこから抜け出すためには、誰もが必死であがくのではないだろうか。

ワタミとマックは何が違うのか

私はこれまで約20年間、数々の選挙を追い続けてきた。そんな中で目にした一つの「不公平」な例を挙げたい。

2011年4月の東京都知事選に立候補した候補者の一人に、のちに参議院議員を務めた渡邉美樹《わたなべみき》がいる。渡邉は都知事選に立候補を表明した時にはワタミフードサービスの会長を務めていたが、選挙に立候補するのは初めてのビジネスマンだった。

渡邉はその選挙戦において、たびたびマザー・テレサの言とされる次の言葉を引用して有権者に訴えた。

「愛の反対は憎しみではない。無関心だ」

渡邉は「無関心NO」というシールまで作り、選挙運動を展開した。

当時、渡邉を推していたのは都議会民主党だった。この時の選挙戦で、渡邉は組織からの推薦があるために各メディアから「主要候補」として扱われた。

一方、同じくビジネスマンで政治経験がなく、同じように有権者の無関心を問題視しているマックは、メディアからほとんど無視された。

この違いは何だろう。力を持つ誰かの推薦がないことは無視する理由になるのだろうか。無名なことは無視する理由になるのだろうか。

この時の都知事選で落選した渡邉は、のちに民主党ではなく自民党から参議院議員選挙（比例区）に立候補し、同党の当選者18人中16番目で議席を獲得した。言うまでもなく、自民党と民主党は主義主張が違う。時間の経過を経て考えが変わるのは、人間なので仕方がない面もある。だから、関わりを持つ政党が変わったことはここでは問わない。

それに対して、マックはずっと「スマイル党総裁」を名乗っている。どちらが政治家として、人間として、信頼に足るだろうか。

私は、こうした差別的な扱いを受け、負けても負けても、選挙への情熱を維持し続けているマックに、こう聞いたことがある。

「あなたは何を壊したいのか」

普段はどんな質問にもギャグやユーモアを交えて答えるマックが、この時ばかりは大真面目な顔で答えた。

「私が壊したいのは、体制、常識、コメントばかりして行動できない人。そのすべてを壊したい。政見放送も壊したい。だからNHKで流れる政見放送でスーパーマンのコスプレをやる。NHKは日本の保守的な部分、とんでもなく常識的な部分だ。しかも、NHKに出れば日本人はコロッと信用する。おれはNHKという権威に対する過度な信頼感も壊したい。何も考えずに信用してしまう日本人の無意識を壊したい。それを一旦壊したら、瓦礫《がれき》の中から何かが生まれる。そこなんですよ、私の原点は」

私はこの時、マック赤坂の本質に触れた気がした。

しかし、ここに至るまでには長い取材の年月が必要だった。わずか2週間ほどの選挙運動でマックの本質に気づく人は少ないだろう。

こうなる背景には日本の公職選挙法の問題がある。この法律は、候補者をじっくり見定めるための作りにはなっていないからだ。

第二章
選挙報道を楽しく変えてみた

2014年2月9日、
東京都知事選挙の開票に合わせて
放送されたインターネット生中継番組
「候補者と見よう！ 東京都知事選2014
開票特番2.0」のスタジオ風景

選挙を楽しめない日本人

日本の選挙だけでなく、世界の選挙を取材してきて感じることがある。それは日本人が選挙を楽しんでいない、ということだ。その大きな障害となっているものの一つが、日本の公職選挙法だ。公職選挙法は選挙を公正に行なうための法律だが、他国の選挙法と比べると、選挙運動をかなり厳しく規制するものとなっている。

一番わかりやすいのは選挙運動ができる期間だ。アメリカをはじめ、多くの外国では特別な選挙運動期間は設定されていない。たとえばアメリカ大統領選挙に立候補する人は連邦選挙委員会（Federal Election Commission＝FEC）に届出をすることになっているが、2016年の大統領選挙では1746人が届け出ていた。日本のメディアの注目はドナルド・トランプとヒラリー・クリントンにばかり集まっていたが、民主党、共和党以外のメジャーではない政党や、政党に入っていない独立系候補がたくさんいた。なかには2016年のアメリカ大統領選挙に、2008年の段階で立候補表明をしていた人もいるほどだ。

そうした候補者たちが長い期間をかけて有権者に「我こそは大統領候補である」とア

ピールする。公開討論を重ね、政治信条を明らかにし、家族とともに選挙キャンペーンを続ける。途中で勝ち目がないと判断し、キャンペーンを降りる人もいる。スキャンダルも飛び出す。そして、それへの対応すらも有権者にさらしながら大統領が決まっていく。いわば丸裸にされながらも選挙を戦っていく。アメリカでは一年中、選挙をやっているような状態だ。

これに対して日本の選挙運動期間はとても短い。衆議院議員選挙では12日間。最も選挙運動期間が長くなる参議院議員選挙と都道府県知事の選挙でも17日間。町や村の首長や町議会議員、村議会議員の選挙にいたっては、たった5日間しかない。

今、日本人はその収入の4割近くを税金や社会保険料として納めている。言うまでもなく、その使い道を決めるのが政治家だ。その政治家を2週間程度の短い期間で決めろというのは、いかにも無理がある。

しかも、会社員が圧倒的に多い日本では、源泉徴収という徴税システムのため、自分がどれほどのお金を国に納めているかや、その使われ方に無自覚であることが多い。そのため約半数の人が選挙に行かず、選挙に確実に行く人たちだけが積極的に政治にコミットしている。

このような短期決戦では知名度が重要になる。そして、物言わぬ（物言えぬ、ともいえる）タレント候補が有権者の前で実のあることをほとんど話さずに楽々と当選していく。

選挙が近づくと、私のような無名の記者であっても、永田町関係者から「政治に興味のある有名人は誰かいないか」という世間話を装った問い合わせがくることもある。「正直な話、選挙に出てくれる有名人はいつでも探している。もし有名人が出てくれれば、その人の得た票で他の何人かが当選できる」（永田町関係者）

有権者をバカにした話だとは思うが、実際に選挙結果はそうなっている。それを考えると、政治の側が常にタレント候補を求めていることにも一定の説得力があるのだ。

「泡沫候補」と呼ばれて

マック赤坂はときおり自分のことを「泡沫候補」と呼ぶ。「泡沫」の意味は『広辞苑』（第六版）には「①あわ。あぶく。うたかた。みなわ。②はかない物のたとえ」と記されており、「泡沫候補」は「立候補しても、とうてい当選の見込みのない候補者」という意味を持つ。私はこの言葉が好きではない。だから意図的に使わないでいる。

私が長く取材に同行させてもらった大川興業《おおかわ》の大川豊《ゆたか》総裁は「インディーズ候補」という名称を使っている。メジャーの対義語としてのインディーズ。その言葉に私は候補者への愛情を感じる。

それと同時に、私は彼らを「何者にも頼らない無頼派」だと思っている。頼りたくても孤立無援で頼る者がいない場合も多いが、彼らは自分の力を信じている。ひるむことなく社会の常識に立ち向かっていく。だから私も敬意を表して彼らを「無頼系独立候補」と呼んでいる。

選挙に立候補する者は、誰もが同じ金額の供託金を納め、平等なルールのもとで選挙を戦う。それが民主主義の建前だ。

しかしそれは、選挙期間中の報道においてはそうなってはいない。新聞やテレビが扱うのは「主要候補」に限られ、「それ以外の候補」の選挙戦が詳細に報じられることはほとんどない。ましてや「政治離れ」「新聞離れ」が叫ばれる昨今だ。選挙があること自体を知らない有権者もいれば、立候補していることすら知られずに終わる候補者もいる。

では、誰が選挙における「主要候補」と「それ以外の候補」を決めるのか。多くの場合、新聞・テレビなどの大手マスコミ自身だ。

なぜ、マスコミは「主要候補」と「それ以外の候補」の扱いに差をつけるのか。

私の問い合わせに対し、朝日新聞は広報部を通じて回答を寄せた。

「候補者の取り扱いについては、個人としての知名度や社会的な経歴、過去の選挙での実績などから総合的に判断しました。

ニュース価値や紙面スペースの制約などから、候補者紹介や選挙情勢などの企画記事では、特定の候補者を取り上げたり、取り上げ方に差をつけたりすることがあります。候補者の取り上げ方の差については、公職選挙法148条の報道・評論の自由として裁判上も定着しています。ただ、選挙報道における公平・公正の観点から、候補者一覧など公報的な記事は一律平等に扱っています」

ある程度は予想できた回答だった。私が話を聞いてきた複数の記者たちも、「主要候補とその他の候補を分ける明確な基準はない」「選挙ごとに社内で話し合い、どの候補をどのくらいの分量で扱うかを決める」と言っていた。しかし、いずれにせよ、メディアの側があらかじめ「主要候補」と「それ以外の候補」を決めてから有権者に提示していることには変わりがない。

私はそのことが悪いと言うつもりはない。ただ、有権者に向けてもう少し多様な情報提供があってもいいのではないかと思っているだけだ。

テレビのバラエティー番組では、ユニークなキャラクターの持ち主を紹介するものもある。それが選挙となると、ピタッとなくなる。私はこのことが不思議だし、もったいないなと思う。単純に、「もっと楽しく選ばせてくれよ」と思うのだ。

実はそう思っている人は現場の記者の中にもいる。

「限られた枠の中ですべての候補をどう網羅するのかには、いつも苦労しています」

そう語るテレビ記者もいる。

「うちの社で扱いが小さい候補について、『こんなにまともに活動しているのにこの扱いはなんだ！』と思われることがあったら、どうか、ご意見を聞かせてください。そうやって選挙報道も一歩ずつ変わっていくかもしれないと思います」

そう言って私の取り組みを励ましてくれた新聞記者もいた。

マスメディアはよく社説などで「政策本意の選挙を」と訴える。では、メディアはそのために「主要候補以外を含めた全候補」の政策をどれほど有権者に届けてきたのだろうか。実際に全候補を取材した上で新聞などの報道を見ると、メディアの「正義」が言葉だけのことで実体を伴っていないことがよくわかる。

たとえば、ある候補者の政策があるとして、そのパッケージ全体では支持できなくても、個別の政策に光るものを感じる場合もある。特に無頼系独立候補にはアイデアマンが多い。最初からそうした候補者の提案を、無頼系独立候補だからといってすべて排除してしまうのは、あまりにももったいない。

「東京を恋愛特区にする」

「高齢者も恋愛を」

「眉間にシワで東京都の街角を歩いたら3万円の罰金」

これは過去の東京都知事選でマック赤坂が訴えてきた政策の一部だ。この政策を読んだだけでも心が和み、幸せな気持ちにならないだろうか。実際に票を入れるかどうかは別として、こんな政策を訴えて立候補している人をあえて排除する必要がどこにあるのだろう。

政治は決して難しいものではない。すべての人の生活に関わってくるものだ。一服の清涼剤として、有権者がクスリと笑うだけでもいい。そこから政治への関心が高まれば、候補者を見極める有権者の目も養われる。しかし、残念なことにマスコミはこうした可能性を持つ無頼系独立候補の政策をほとんど報じてこなかった。

こうした政策の情報は、現場で取材をしている記者や情報を自ら取りにいく選挙マニアだけが、「小さな幸せ」として独占してきた。

実際に有権者が投票するかどうか、そして誰に投票するかは、それらを知らせてからの話だ。どの候補に投票するかは、マスメディアではなく有権者が判断すればいいのではないか。マスメディアは判断のための基礎情報を提供することを選挙報道のスタートラインとすべきだと私は思う。

もし、無頼系独立候補の政策がダメだと思うなら、報道でその問題点を指摘すればいい。その中で淘汰《とうた》される候補者もいるだろう。一方で、新たに磨き上げてくる候補者もいるだろう。

そうしたことが積み重ねられるのであれば、多様な人材が立候補することは社会的にも意味があるのではないだろうか。

マック赤坂は選挙に出るたび「メディアによる差別」に異議を唱え続けてきた。実際に報道での不公平な扱いに対して、朝日新聞を訴えたこともある。しかし、裁判は最高裁までいって負けた。前述した朝日新聞の回答にもある通り、候補者をどのように取り扱うかはメディアの編集権の範疇《はんちゅう》に入るとされている。

それでもマックは選挙に出るたび、メディアからの「不当な扱い」に対して抗議をし続けている。立候補届出の際には、いつも選挙管理委員長に対して次のような意見表明をしている。

「選挙管理委員長どの！　候補者は同じ金額の供託金を払っているのに、マスコミは主な候補とそれ以外の候補を意図的に分けている。これは憲法第14条の法の下の平等ならびに公職選挙法違反です。明らかに選挙妨害です。ぜひ、公平な選挙、公平な報道に対する管理をお願いしたい」

その場にはいつも、立候補届出の様子を取材するために多数のメディアが同席している。しかし、この様子が広く一般に報道されたことはない。そして、その後の報道でいわゆる主要候補者と同等に扱われたこともない。

2014年1月23日に東京都知事選が告示されると、その翌日にマック赤坂は渋谷ハチ公前でこう叫んだ。

「いよいよ東京都知事選が告示されました！　私が選挙に立つのはこれで10回目です。ところが朝起きて新聞を見て驚きました。主要4候補は出ているけれど、私が出てないんだよ！」

正確にいえば、名前と顔写真は出ていた。しかし、主要候補に比べれば、その扱いは明らかに小さかった。マックは吠《ほ》えた。

「こんな悔しいことがありますか!?　みなさんも私の立場になったら、どれだけ悔しいか！」

人生をかけて立候補した人物を、マスコミがここまで軽視する理由が私にはわからない。せめて一度くらいはマックを含めた「それ以外の候補者」の主要政策を取り上げ、堂々と有権者に問うてもいいのではないか。それでハッキリとした結果が出れば、候補者も納得するのではないだろうか。

新聞が決めていた「泡沫候補」の基準

過去に私が取材した、ある無頼系独立候補が、こんなことをこぼしていた。

「マスコミは取材に来ないね。告示翌日の新聞を見たら、自分のことが『独自の戦いをしている』と書かれていたことがあった。たしかに前日に電話で予定を聞かれたから答えたけれど、実際には記者は取材に来ていない。それでも勝手に『独自の戦い』と書くんだ」

私が無頼系独立候補の選挙戦に興味を持ったのは、選挙のたびに新聞で「独自の戦い」という定型句を目にしたからだ。そして「独自の戦い」をしている候補者が紙面に出てくるのは、選挙初日と選挙結果の発表時だけと決まっていたのも不思議だった。

そんな時、私はジャーナリストの岩瀬達哉《いわせたつや》氏が書いた『新聞が面白くない理由』（講談社、1998年）を読んだ。そこには、1967年に、朝日新聞、毎日新聞、読売新聞の3社が法務省、自治省（当時）と協議して「泡沫候補を紙面から締め出すための取り決め」を行なっていたと書かれていた。

また、岩瀬氏は朝日新聞がのちに「特殊候補の扱い」という内部文書を作成し、1989年の参議院選挙においては、候補者を「一般候補」「準一般候補」「特殊候補」の3つに分け、それぞれ報道に格差をつけるように指示しているとも指摘した。「準一般候補」「特殊候補」とは以下の通りである。

準一般候補：当選の可能性は別にして、まじめなミニ政党などの候補者。

特殊候補：選挙を売名や営利などに利用したり、自己のマニア的欲求を満足させるために数々の選挙に立候補、あるいは自己の政見を述べるよりも、他の候補に対する妨害や支援を主目的にするなど、候補者としての客観的な評価が認められない候補。

この記述を読んで、私はますます「独自の戦い」をする候補者たちのことが気になった。

「『独自の戦い』ってどんな戦いなのか」

その素朴な疑問が、20年にもわたる私の無頼系独立候補の取材につながっている。

メディアは「泡沫候補」とどう接しているか

それではマスコミは、わずかに報じられる「主要候補以外の候補」の選挙戦をどうやって取材しているのだろうか。

これは選挙取材をした者であればよく知っているが、そうでない人はあまり知らない現実だから記録に残しておきたい。

選挙の1ヵ月ほど前になると、選挙管理委員会は立候補予定者に対する説明会や、立候補届出書類に不備がないかを確認する「事前審査」を行なう。

選挙管理委員会が置かれている役所には、新聞、テレビなどの記者が常駐する記者クラブがあり、説明会や事前審査に訪れた立候補予定者の情報が選挙管理委員会から届く仕組みになっている。たとえば、誰かが選挙管理委員会に立候補届出書類を取りに来たとわかると、各メディアはすぐに同じ建物内にある選管に駆けつける。そこで立候補予定者や関係者を捕まえると「調査票」と呼ばれる書類を渡し、記入して返送することを依頼する。

この調査票の内容は各社によって異なるが、「本籍地」「生年月日」「学歴」「職歴」「党派」「推薦を予定する団体」「親族に政治家がいるか」「主要政策」などの詳細なアンケートがある。各社の記者が「主要候補以外の候補」と最も密接にやりとりをするのはこの時だ。そして記者が彼らの記事を書く際には、これらの「調査票」の情報や選挙公報から抜粋した主張が少しだけ盛り込まれ、「独自の戦い」という決まり文句が入った記事に仕上げられる。実際の選挙活動を見ないで記事が書かれることは、決して珍しいことではない。

マックはこうも言っていた。

「報道がこんな状況じゃあ、どんな人間が立候補しているか有権者にわかるわけがない。

まともなことをやっていたら、おれは一生『泡沫』の棺桶《かんおけ》の中に入れられて出てこられないと思ったよ。コスプレをしはじめたのは、メディアの差別的な扱いに対する反発。意地だよ」

路上で目を引くパフォーマンスをして有権者に直接訴えかける。報道陣が集まる場所に自ら乗り込んでいき、その視界に入り込む。今の日本の選挙報道の現状では、そこにすがるしかない。マックはそう考えたのだった。

知人の全国紙政治部記者は私にこう聞いた。

「畠山さんはいつも熱心に『泡沫候補』の取材をしているけど、当選可能性が低い人の情報は有権者にとって何か意味があるの？　みんな奇抜なことをしていて面白いのはわかるけど」

私はこう答えた。

「まず何よりも、みんな命がけで立候補しているんですよ。それに最終的に誰に投票するかを決めるのは有権者だし、そのためには判断するための情報を有権者に届けることが必要でしょう？　そうした情報を最初から取材せずに無視するなんてありえないし、取材をしていなかったら伝えることもできないじゃないですか」

今の日本では、私の考え方はメジャーではない。誰もが日々の暮らしに忙しい。新聞が主要候補しか扱わなくても構わないと考えている人のほうが圧倒的に多い。

「結局、その人は当選しないんでしょ？」

友人や知人にそう言われることもたびたびだ。しかし、最初から「当選可能性を決めつけてしまう」のはどうなのだろうか。宝くじも買えば当たる確率はゼロではないように、選挙も何が起こるかはわからない。

日本国憲法第14条1項を思い出してほしい。

「すべて国民は、法の下に平等であつて、人種、信条、性別、社会的身分又は門地により、政治的、経済的又は社会的関係において、差別されない」

もしこのままメディアや有権者の意識が変わらなければ、これから先も政治が大きく変わることはないだろう。それは「政治に新規参入を許さない」という構造の固定化につながっていく。こうした不公平が続けば、既存勢力、既存政治家やその後継者しか選挙には当選できなくなる。

その予兆はすでに表れている。たとえば第2次安倍内閣発足当初の閣僚19人のうち、半分以上の11人が世襲議員なのだ。

もちろん単純に世襲が悪いと言っているわけではない。世襲議員にも優秀な政治家はいるかもしれない。世襲であるからこその経験やノウハウを持っている政治家もいる。

選挙で苦労しない分、政策の勉強に時間を割くこともできるし、政策を煮詰める時間もある。後継者として指名されるのにも、ちゃんとした理由があるのだろう。

ただし、「新規参入」や「成り上がり」の可能性がない業界は、必ずと言っていいほど衰退することも忘れてはいけない。最悪の場合には腐る。そして今はマスコミがその衰退を加速させる一端を担っている。権力を監視するはずのマスコミが、だ。

そんな日本でいいのか。

そう考えてしまう私のほうがおかしいのだろうか。

供託金は高いハードル

「選挙には誰でも出られる」という言説は現実的には誤りだ。選挙に出るためには、それまでの社会的地位を失うというリスクが伴う。そのリスクを乗り越えたとしても、今度は経済的なハードルが待ち受けている。日本では、「供託金」という前払金を払わなければ選挙に立候補できない仕組みになっているからだ。

供託金は、当選するか、もしくは有効投票総数の1割を獲得するなど、一定の条件を満たさないと返還されない（複数の当選者がいる議会選挙などの場合はその割合は変わる）。日本は選挙公営（選挙運動費用を税金で負担する制度）だが、供託金を没収された候補はビラなどの印刷費も個人負担しなければならない。そして日本の供託金は世界でも類を見ないほど高額だ。

たとえば衆議院の選挙区、参議院の選挙区、都道府県知事選は３００万円。政令指定都市の首長選の場合は２４０万円。国政の比例で選挙に出ると６００万円もかかる。この高額な供託金が立候補の機会を奪っているとして、今、東京地裁で裁判が行なわれている。

それでは他の国はどうなのか。調べてみると、フランス、ドイツ、イタリア、アメリカなどのように、供託金制度そのものがない国が大半だ。日本人にとってなじみのある国で供託金制度がある国でも、イギリスが７万５０００円程度、カナダが９万円程度、オーストラリア（下院）も９万円程度にすぎない。高いといわれる韓国でも１５０万円程度である（２０１７年10月2日のレートで換算）。

かつてはフランスにも供託金制度があったが、その額は上院で２００フラン（約４０００円）、下院で１０００フラン（約2万円）と日本に比べれば微々たるものだった。しかし、フランスではその額ですら批判の対象となり、１９９５年に供託金制度は廃止された。

ちなみに日本で供託金制度ができたのは１９２５年だ。この時、普通選挙法の制定により、それまで「直接国税３円以上の納税者である満25歳以上の男子」に制限されていた選挙権が「すべての満25歳以上の男子」に拡大された。これによって立候補者の増加が見込まれたため、供託金制度が設けられた。これを立案した政権が説明する表向きの目的は「売名行為での立候補を抑制するため」。しかし、本当の目的は「社会主義的な思想を持つ立候補者が国政に進出することを阻むことにあった」という説もある。当時の供託金は２０００円。公務員の初年俸の約2倍にあたるほど高額だった。

その後、供託金の額は物価の上昇や選挙公営制度の充実を理由に上がる一方となった。１９７５年には衆議院選挙区で１００万円だった供託金が、１９８２年には２００万円、１９９２年には３００万円へと引き上げられた。２０１６年になると選挙権年齢は各国並みに18歳に引き下げられたが、被選挙権年齢や供託金の額は一度も引き下げられていない。

こうした高額な供託金は、組織に頼らない無頼系独立候補たちに大きな負担を強いている。

たとえば１９８６年の参議院議員選挙に「共産党のロボットと闘う」と訴えて立候補した新《あら》井泉《いいずみ》は、政見放送でこう訴えていた。

「私は約10年前から真実を暴露しようと努力してきました。しかし、共産党も黙って見ていたわけではありません。

実は、私は前回（1983年・筆者注）の参議院選挙に出る準備をしていました。共産党のありとあらゆる迫害の中で、無一文の私が100万円というお金を貯《た》めるのが、どれほど大変なことであったか、みなさんに想像がつくでしょうか。

それでも血のにじむ思いでその100万円を貯めました。

ところがその時、あの参議院改革の問題が持ち上がり、供託金がなんと200万円につり上げられたのです。もちろん、共産党がそのロボットに手をまわして仕組んだ結果です」

新井と、新井が敵視する政党とのこじれた関係には、本書では触れない。それは置いて、新井は新聞配達などのアルバイトをして、100万円をやっとの思いで貯めてきた。しかし、供託金が値上げされたために1983年の選挙に立候補できなかったというのだ。

新井は1986年の選挙で落選し、供託金も没収された。しかし、1989年の参議院議員選挙にも挑戦。この時も供託金を没収されたが、その裏には血のにじむような貯金の努力があったことは想像に難くない。

法律を作るのは現職の政治家である。その政治家が自分の立場が不利になる方向で（つまり、誰もが立候補しやすくなるよう参入障壁を下げる方向で）法律を変えることは、まず考えられない。残念ながら、今後も日本で供託金の金額が下がることはないだろう。

「公開討論会2・0」という挑戦

2012年11月27日。私は東京・半蔵門にあるニコニコ生放送のスタジオで、これまでにない新しい試みに挑戦しようとしていた。同年12月16日に執行される東京都知事選挙の公開討論会をインターネットで生放送しようと企画したのだ。

この日、東京JC（青年会議所）も東京都知事選挙の立候補予定者を集めて「公開討論会」を開いていた。その様子はニコニコ生放送で中継された。しかし、それは私が企画したものとは別物だ。JCの公開討論会に出席するのは、猪瀬直樹、宇都宮健児《うつのみやけんじ》、笹川堯《ささがわたかし》、松沢成文《まつざわしげふみ》の4人。彼らはいずれもマスメディアから「主要候補予定者」と呼ばれていた。

一方、私が主催する討論会に参加するのは、JCの討論会に「呼ばれていない」立候補予定者だった。こちらの討論会でも会場に視聴者からのコメントを映し出すモニターを準備して、立候補予定者から視聴者に呼びかけてもらったり、視聴者からのコメントや質問に反応してもらったりする双方向でのやりとりを考えていた。そのため、「次の」

や「バージョンアップした」という意味の「2・0」をつけた「公開討論会2・0」と銘打った。

世間の人たちは私が「公開討論会2・0」に招いた候補者たちを「泡沫候補」と呼んだ。「2・0」から連想して「2軍」と揶揄《やゆ》する人もいた。私が主催する討論会を「消化試合」と呼ぶ人もいた。

しかし、私は決してそうは思わなかった。誰にでもいつか立候補する時がくるかもしれないと考えれば、全国民が「立候補予定者」だといえる。となると、実際の立候補予定者をあらかじめ差別することは、自分自身をないがしろにすることと同じだ。公正な選挙の結果は真摯に受け止めるべきだが、結果が出る前の段階で差別が生じることに対しては異を唱えたい。

これまで全国各地の青年会議所や市民団体が「主要候補者」を招いて討論会を開くことはよくあった。しかし、そうした討論会では、正式に立候補を表明しているのに討論会に呼ばれない候補者たちがいた。それは主催者があらかじめ候補者を選別していたから生じた。

たしかに、世間の常識には収まりきらないパワフルすぎる候補者もいた。しかし、「主要候補」と呼ばれている人たちよりもずっと優れていると思われる政策を掲げる候補者もいた。そんな彼らが「無名の新人」ということだけで、あらかじめ「泡沫候補」

として差別されている現状が私には耐えられなかった。そこでなんとか彼らの主張も聞いた上で有権者に投票に行ってもらいたいと考え、「公開討論会2・0」を企画したのだった。私は結果の平等ではなく、機会の平等を求めている。

この都知事選の際、私は立候補を表明しているすべての人に声をかけ、「公開討論会2・0」への参加を呼びかけた。

反応は悪くなかった。どの候補も「自分の主張がまったくメディアで取り上げられない」と感じており、政策を有権者に訴える機会があるのならどこにでも出る、という姿勢だった。

もちろん「主要候補」と呼ばれている人たちにも声をかけた。しかし、そうした候補者たちは青年会議所やテレビでの公開討論会に呼ばれていた。つまり、露出に困っていなかった。明らかに差別を受けているのは「泡沫候補」と呼ばれる人たちだ。そのため「2・0」では、「青年会議所の討論会に出られる方は、こちらへの参加はご遠慮ください」とお断りをした。

この企画の主眼は、「有権者への公正な情報提供」である。そのため、JCの公開討論会と同じ日に行なうことにした。候補者に問う質問も、できる限り同じものにする。そのベースを踏まえた上で、自由討論の時間にインターネットユーザーとの相互交流を盛り込むことにした。

もちろん「公開討論会2・0」単独では、この企画は成り立たない。「主要候補」が出るJCの公開討論会と「勝手にコラボ」、もしくは「半分タダ乗り」させてもらうことで、私の企画は成立する。私には組織も資金もないのだから、ゲリラ的に「借景」しようと思ったのだ。

私は早速JCに連絡を取った。勝手にコラボとはいえ、本当に勝手にやれば、「公開討論会2・0」の参加者たちに迷惑をかける可能性があったからだ。そこでJC側の担当者に、率直に企画内容を打ち明けた。

「JCの討論会終了後に、私のほうでJCの討論会には出ていなかった立候補予定者のみなさんをお招きして討論会をします。これは私が有権者に、等しく候補者の情報を届けたいと考えた上での企画です。JCさんが物理的に全員を呼ぶのが無理ということであれば、こちらで『2・0』を開くことをご理解いただけませんでしょうか」

私の提案はあっさりと受け入れられた。JC側にも毎回「なぜ呼ぶ候補者と呼ばない候補者がいるのか」という声が寄せられており、その対応に苦慮していたのだという。

「ニコニコ生放送でJCと『2・0』の両方を続けて観れば、全立候補予定者の主張がわかるということですね。それはこちらとしてもありがたいです。『2・0』、楽しみにしています」

JC側の担当者は、私にそう言ってくれた。

また、他のJC関係者からはこんな話もささやかれた。

「全立候補予定者を呼ぶとすると……、言っちゃ悪いんですが、どんな人が来るか予想がつかない。突然叫び出したり怒り出したりする候補者が来て、会場が混乱して収拾がつかなくなるのが怖いんです。だからある程度、呼ぶ人物を絞らざるをえないというのが本音なんです」

なるほど、とも思う。

しかし、立候補予定者というのは、立候補に必要な書類を用意したり、供託金を法務局に納めたり、候補者説明会の情報を事前に知るなどの情報収集能力がある人たちだ。立候補に必要な書類はたくさんある。立候補の手引に書かれている内容には難解な用語もある。つまり、かなりの知識や常識がなければ、とてもではないが立候補まではたどりつけない。その意味では、出馬表明までこぎつけた人たちは、立候補する前からかなりの高いハードルを乗り越えてきた猛者《もさ》だといえる。そしてその根底には、「公」に積極的に関わろうという心がある。

たしかに、びっくりするような言動をする人もいた。一方的に自分の言いたいことを話し続けるために、コミュニケーションが取りづらい候補者もいた。

「私は神になった」

と言い出す人もいた。

「畠山くん、僕の自伝を書いてくれ」

と言って、何時間も私の自宅に読めない字で書かれたFAXを送り続ける人もいた。

メディアどころか選挙管理委員会にも一切の連絡先を伝えないまま立候補した人を、私は何人も知っている。ポスターに書かれた「掲示責任者」の住所を訪ねても、「ポスターと選挙公報だけで戦う。街頭演説もしない。私の写真は撮らないでくれ」と話すシャイな人も何人もいた。

しかし、彼・彼女らに共通しているのは、一度は「公職に就こう」と決意して、行動を起こしたことだ。少なくとも、選挙に行かない人たちよりも積極的に政治に関わろうとしている。公共心も程度の差はあれ、それなりにあることは間違いない。そんな候補者たちが討論会の空気を乱しそうになったとしても、

「あなたは政治家になって何をしたいのか。みなさんと同じ時間で話してください」

と言えば、とても真剣に自分のビジョンを語ってくれる。たとえそれまでどんなにふざけていても、だ。

彼・彼女らが予測不能な行動を取るのは、「発言の機会を不当に奪われた」と感じた時がほとんどである。

記者である私の問いの後ろ側には有権者がいる。そのことを候補者たちは知っている。いわば、私たち記者は有権者に守られているのだ。発言の機会が保障された討論会が準

備されていれば、大きな混乱が起きることはないだろう。あらかじめ排除したり、人によって差別や区別をしようとしたりするから混乱が生じるのだ。

おそらく、マスコミが世に出す情報にしか触れていない人たちは、生身の候補者たちを知らない。だから無用な恐れを抱く。無菌室で暮らしていた人が、外の世界に恐れを抱くのと同じだ。今の日本社会は「生身の人間」と触れ合う機会が少ないだけで、実際に触れ合えば同じ人間であることがすぐにわかる。もちろん、「合う」「合わない」という相性の問題はある。だが、そうしたことも含めて情報を有権者に提示することは、決して無駄なことではないはずだ。

だからこそ私は、「全候補者が同席した上での討論会が理想」だと思っている。その場での立ち居振る舞いを見た有権者が、それぞれの判断で投票先を決めればいい。それが機会の平等が保障された本当の民主主義ではないだろうか。

16人が立候補した2014年の都知事選

初めての「公開討論会2・0」から1年が過ぎた。通常であれば都知事の任期は4年だ。しかし、2013年12月19日、猪瀬直樹都知事が徳洲会グループから5000万円の資金提供を受けた問題で都政に混乱を招いた責任を取るとして、辞職願を提出した。これにより、再び東京都知事選挙が行なわれることになった。

２０１４年1月23日に告示された東京都知事選挙（2月９日執行）には、次の16人が立候補した。

【東京都知事選挙立候補者一覧・届出順】

ひめじけんじ／建物管理業
宇都宮健児／弁護士
ドクター・中松《なかまつ》／発明家
田母神《たもがみ》俊雄《としお》／元航空幕僚長
鈴木《すずき》達夫《たつお》／弁護士
中川《なかがわ》智晴《ともはる》／一級建築士
舛添要一／元参議院議員、元厚生労働大臣
細川《ほそかわ》護熙《もりひろ》／陶芸家、元衆議院議員、元内閣総理大臣
マック赤坂／スマイル党総裁
家入《いえいり》一真《かずま》／ＩＴ関連会社役員
内藤《ないとう》久遠《ひさお》／元陸上自衛官

金子《かね こ》博《ひろし》／元ホテル運営業
五十嵐《いがらし》政一《まさいち》／一般社団法人理事長
酒向《さこう》英一《えいいち》／元瀬戸市役所農務課職員
松山《まつやま》親憲《ちかのり》／警備会社アルバイト
根上《ねがみ》隆《たかし》／元東京都職員

たった一人の都知事を決めるのに16人の候補者。

しかし、この人数はこれまでの都知事選を知っていれば、それほど驚く数ではない。2007年には14人、2011年には11人、2012年には9人が立候補している。もともと東京都知事選はたくさんの候補者が集まる選挙なのだ。

改めて、なぜ東京都知事選挙にはこれだけ候補者が集まるのか。

東京都は人口1370万人、予算総額13兆円を超える自治体だ。その規模はギリシャ、スウェーデンなどの一国にも匹敵する。そして東京都知事のイスは一つしかない。

同じ額の供託金が必要になる衆議院議員（小選挙区）の場合、全国一斉に選挙が行なわれ、候補者も比例代表と合わせて1500人近くになる。さらに一度の選挙で475人の当選を決めるため、マスコミの目は分散されてしまう（2017年7月16日の改定により、現在は465人）。

一方、首都・東京の知事選挙であれば日本中の注目が集まる。政見放送もある。簡単にいえば、社会に何かを訴えたいと考えた時、最もコストパフォーマンスが高いのが都知事選なのだ。

私はまず、都知事選立候補は7回目となる発明家のドクター・中松（85歳・当時、以下同）を取材した。この時の候補者の中では最年長だったが、これまでと変わらず意気軒昂《けんこう》だった。

「趣味だ、遊びだ、売名行為だと妙な揶揄をされますが、これはまったくの誤解です。私は日本とアメリカとの和平交渉にあたった藤村義朗《ふじむらよしろう》海軍中佐の遺言に従って立候補しているんです。藤村中佐は亡くなる直前に私を枕元に呼び、『日本のリーダーとなってこの日本をぜひ再興してほしい』と遺言を遺されたんです」

そんなドクター・中松は、「都民税を下げて、消費税が上がることから都民を守る」と訴えた。

もちろん発明家としての発想も健在だった。

「今の原発技術は19世紀の技術。私は21世紀の新しいエナジーストアの発明を東京都知事になって実施します。オリンピックで問題となる渋滞を、科学、発明を駆使して解決したい」

ドクターが主張する「新しいエナジーストア」の正式名称は「パワーグリッドエナジーストア」。文系の私には理解できなかったが、宇宙エネルギーを利用するシステムだという。すでに世田谷にあるドクター・中松ハウスに導入されており、そこでは東京電力の電気を使わずに済んでいるとドクターは胸を張った。

「ぜひ、見せてください」

私が言うと、ドクターはいたずらっぽく笑ってこう答えた。

「見に来ていいのは、選挙で私に投票した人だけです」

そして「政治とカネの問題」についてもこんな持論を展開した。

「前知事のダーティーマネー、他候補のダーティーマネー。そういう人が知事になってはいけません。私はお金にキレイ。なぜキレイかというと、私の家系は直参旗本で400年間江戸城におり、私も小さい時から決してお金に触ってはいけない、お金にキレイでなきゃいけないと教育を受けたからです。そのような人が知事になるべきなんです」

この都知事選からしばらく経った2014年6月26日。ドクター・中松は前立腺導管がんという難病により、医師から「余命2年」と告げられていたことを告白した。医師からの宣告は2013年12月。余命が残り少ないことを知ってからの立候補だった。

2014年7月、私はドクター・中松に連絡を取り、「遺言」を聞かせてほしいと頼んだ。すると、「いいですよ」と返事が返ってきた。

「ドクターは選挙に15回立候補して一度も当選していません。周囲から『変わり者だ』と言われてきたのではありませんか？」

私がそう問うと、ドクターは余裕たっぷりに答えた。

「私は他の人が何を言おうと、いちいち気にしない。余裕がない人はユーモアもない。最高のインテリジェンスには、面白さが入っていなければなりません。中途半端なインテリジェンスはつまらない」

たしかにドクターの発明はジャンピングシューズ、育毛剤の「まかしと毛」、護身用かつらの「守り髪」など、常にユーモアが盛り込まれている。誰に何を言われても動じないくらいに突き抜けろ、ということなのだろうか。

「そうです。ハイクオリティな日本が実現すれば、日本は面白い国になります」

ドクターの人生最後の一言は、どんな言葉になるのかも聞いた。

「それは来年末（２０１５年末までの余命と宣告された：筆者注）になったら考えます。発明が間に合って寿命が延びたと言うのか、それとも黙って死ぬのか。どっちかですよ。

来年末に私が死ねば、これが遺言になります。これから私がやることは、現代医学の余命をぶち破って発明することです」

そして最後にこう言った。

「発明が成功すれば、ドクター・中松は復活します！」

ドクターは2016年6月27日に開かれた誕生日会の招待状に、「生きて皆さまをお迎えするか、棺桶に入ってお迎えすることになるかどちらかです」と、本人にしか書けないブラックユーモアを盛り込んできた。そして医師に2015年末までと言われた余命を1年半以上超えた2017年10月現在も健在だ。いつかまた街頭に立つ時がくるかもしれない。

トップガン政治　from　Nakagawa

基本的なことをおさらいしたい。東京都知事選に立候補するための条件は「日本国民」「選挙期日（投票日）に年齢満30歳以上」。これだけだ。都民でなくても立候補できる。ゆえに、全国から挑戦者が集まる。

岡山県で一級建築士事務所を営む中川智晴（55歳）も、東京都知事を目指してやってきた一人だ。中川はこれが初めての立候補だった。

告示前に都庁で行なわれた中川の出馬表明記者会見。記者たちが待ち受ける記者会見場に予定よりもやや遅れて入ってきた中川は、記者たちにA4用紙9枚の政策集を配付した。表紙には「トップガン政治　from　Nakagawa」と書いてある。中川によると、このトップガンとは、「ハリウッド俳優、トム・クルーズの映画『トップガン』のこと」だという。

記者会見場の椅子に座った中川は、落ち着かない様子で会場を見渡した。フーフーという鼻息をマイクが拾っている。中川は上半分がオレンジ色、下半分が茶色のセーターを着ていた。がっしりした体型で薄い色付きのメガネをかけた中川は、『ドラえもん』に出てくるジャイアンのようにも見えた。

私は配付された中川の政策集にざっと目を通して驚いた。

それは中川が都知事に就任した前提でのストーリー仕立てになっており、当選後に中川がニューヨークから都庁にＦＡＸを送る設定になっていたのだ。

「今、ニューヨークです。ＦＡＸを送ります。ＦＡＸが届いたらミッション開始です。ミッションが失敗したら年俸０円になりますよ。多くのミッションを１年間すべて成功させ、パーフェクトだったら年俸倍額です」

出稿時間が迫る中で時間をやりくりして集まってきた記者クラブの記者たち。この政策集のどこを突っ込めば、限られた新聞紙面や放送枠に入れ込めるだろうか。彼らが思わずため息をついてしまう気持ちもよくわかる。

しかし、私の選挙取材は10年単位のロングスパンだ。紙幅や放送枠の制約もない。私にとっては、次は何が飛び出すのかと急いで紙をめくりたくなる政策集だった。

さっそく、記者の一人が中川に目玉政策を聞いた。

「どんぶり勘定政策です」

会見場の記者たちが絶句した。慌てて政策集をめくると、たしかに書いてある。「ミッションを成功させれば職員全員に年俸2000万円を支給し、失敗したら年俸マイナス2000万円にする」ともある。また、東京都民全員に「毎日1時間の独学の勉強を義務付け、これを怠ると「強制的に預金を引き落とすなど、財産を没収します」とも書かれていた。

中川はにこやかに「どんぶり勘定政策」を説明した。

「いい人には補助するけど、悪い人は潰す、財産没収するという政策なんです、要するに。トップガン政治というのは、それを速やかに実行する政治力です。行政マンですので、ギリギリでなんとか叶《かな》えられるんじゃないかと私は思っているんですけれども」

中川の解説が終わっても、会見場の記者たちは質問しない。目の前のこの人物を深追いせずに、このまま会見を終わらせたいと思っている空気がひしひしと感じられる。私はそんな記者たちに申し訳ないと思いながらも、挙手して次のような質問をした。

「『トップガン政治　from　Nakagawa』では、東京都が判断して勝手に預金通帳の残高を変えてしまうということですか」

　中川はにこやかに答えた。

「そうですね。どんぶり勘定ではそうなんです。嘘ついとったら、勝手に引き落としま す。そういう感じです。そういう政策です。悪かったらバーンと、すいませんけど乞食 になって悟ってくださいという政策です」

　これは財産権の侵害で、憲法に抵触するだろう。私はさらに聞いた。

「その判断というのはどうやって？」

　中川は口元に笑みを浮かべて即答した。

「どんぶりですね。ええかげん。ええかげんじゃないですけれども、そんな感じです ね」

　この会見で、中川は記者たちから「現在の主な収入源は」と何度も問われている。記 者たちは新聞の経歴欄に本当に「建築士」と書いていいかどうかを調べているのだ。中 川は自身の収入源について、ようやく答えた。

「いわゆる財テクです。あとはアプリケーションを売っています」

　記者たちは明らかに困っていた。何度も職業を巡っての確認が続く。その結果わかっ たのは、建築士としての収入があるわけではないということだった。

　そして東京都知事選の出馬表明であるのに、中川は記者会見を力強くこう締めくくった。

「京都府知事選にも出ます！」（都知事選の約2ヵ月後の3月20日告示、4月6日執行）

記者会見終了後、マスコミ各社は候補予定者の顔写真を撮影する。告示日に写真と名前を掲載するためだ。私は全社の撮影を終えて帰ろうとする中川を引き止めて話を聞いた。

通常であれば、立候補表明者の記者会見終了後は、数人の記者が集まって候補予定者にぶら下がり取材をする。会見で聞き漏らしたことや事実関係を確認するためだ。

メジャーな立候補予定者の時は、どの社の記者も我も我もと前に行き、立候補予定者に近づく。しかし、この時はなぜか私が一番前に立っていた。他社の記者たちは私を一番前に出し、やや遠巻きに様子をうかがっていた。私は防波堤なのだろうか。

私は中川を一目見た時から気になっていたことを率直に聞いた。

「中川さんのそのセーター、『ドラえもん』に出てくるジャイアンを意識しているのでしょうか。もしそうだとしたら、何か意味が込められているのでしょうか」

中川は笑って答えた。

「ジャイアンは意識していません。このセーターはディスカウントショップでいいなあと思ったので買いました」

もちろん政策集で気になったことも聞かなければならない。

「政策集には『投開票日の2日前、2月7日からニューヨークに行く』と書かれていましたが、本当に行かれるのですか。そしてニューヨークからFAXを都庁に送るのですか」

「ええ。だから木村拓哉《きむらたくや》さんに合流してほしいんです。SMAPの15人揃《そろ》えてぜひ来てほしい（実際には、当時SMAPは5人組：筆者注）。拓哉さん、ぜひ！」

私の周りにいた記者たちは、中川に「調査票」が入った封筒を手渡すと、あっという間にいなくなってしまった。

私はまた別の日に中川に連絡を取った。中川が街頭演説をやるかどうかを聞いたのだ。中川は短く答えた。

「やりますよ。おれのサンバーで」

中川は地元の岡山から東京に乗ってきた軽ワゴン車、スバルの白いサンバーで都内を流すという。

告示翌日、私は自分の車で中川の泊まるホテルに向かい、駐車場で中川を待ち受けた。そしてホテルから出てくる中川に挨拶して自分の車に乗り込み、中川のサンバーを追いかけた。中川も一人、私も一人だ。

カチッカチッ。ブォーン。

中川はウインカーを頻繁に出し、どんどん走っていく。白いサンバーは車線変更も加速も素早い。出発前は「ゆっくり走るから後ろをついてきたらいいですよ」と言っていたのに、まるで振り切ろうとしているかのように車を飛ばす。

細かく右左折を繰り返す中川を追いかけ、左折して細い路地に入ると行き止まりだった。すでに中川は私の車にお構いなくUターンをし、車はこちらを向いていた。

ブォーン！　怖い！

中川は私の車の横すれすれを猛スピードで通り過ぎ、大通りに向けて走り去った。ここで見失ったらもう中川を見つけることは難しいだろう。そもそも今日の予定を知るために何十回も電話やメールをした。せっかく中川が宿泊するホテルで待ち伏せたのに、ここで見失ったら水の泡だ。私も急いでUターンして中川を追いかけた。

大通りに出ると、中川のサンバーはすでに100メートルほど先にいた。中川は私を待たずにどんどん西に向かっている。

信号を三つほど過ぎたところで赤信号になり、ようやく中川の車に追いついた。ぴったり後ろにつけて運転席の中川の様子をうかがうと、激しい動きで助手席に手を伸ばしている。そして、体を起こすと運転席側の窓を開けた。

中川の右手には手に持つタイプのトラメガ（拡声器）が握られていた。中川は左手でハンドルを握り、右手でトラメガを持ち、運転しながら声を発した。信号が変わり、サンバーのエンジンがうなりを上げる。

「なかがわっ！　ともはるっ！　東京都知事っ！　よろしくっ！」

トラメガに電池が入っていないのか壊れているのか、電気信号で増幅されるはずの音が出ない。肉声だ。しかし、とても大きく短い音が連続する発声なので、周りを歩いている人はびっくりする。奇声を発しているように思われても仕方がない。

「女の子っ！　一票っ！　よろしくっ！」

いくつか信号を過ぎたところで、ようやく信号待ちの時間ができた。するとトラメガを持った中川が慌ただしく車を降り、サンバーの荷室のドアを開けた。

荷室には、同じタイプのトラメガがもう2台置かれていた。中川はそのうちの一つと音の出ないトラメガを交換すると、再び運転席に戻って片手運転での街頭宣伝を続けた。

この日は2時間近く追走したが、中川が街頭に車を停めて演説する姿は確認できなかった。そして最後は、信号が変わるタイミングでサンバーに置き去りにされてしまった。

「キムラ〜！　タクヤ〜！」

私はどうしても中川の街頭演説を見たかった。中川が生身の有権者を前に、どんな演説をするのかを知りたかったからだ。

何度も連絡をすると、ようやく中川から渋谷のハチ公前で演説するという返信があった。

教えてもらった時間にハチ公前で待つが、なかなか現れない。ひょっとして来ないのかもしれない。そう思いながら小雨の中1時間ほど待っていると、中川のサンバーがやってきた。

「どうも。秋葉原のほう、寄ってきたんですよ」

車から降りた中川はイヤホンを耳に入れて体を揺すっている。どうやら携帯音楽プレーヤー、iPodシャッフルで音楽を聞いているようだ。

「何を聞いてるんですか?」

「『世界に一つだけの花』」

中川は鼻歌交じりに車からトラメガと傘を取り出すと、ハチ公前の歩道をリズムに乗りながら行ったり来たりした。

「どうしたんですか」

「どの場所がいいかと思って」

その時、ハチ公前のビルに設置された大型スクリーンに、偶然、SMAPの映像が映し出された。中川が以前、「応援に来てもらいたい」と言っていたことを思い出す。その映像を見た中川は、嬉しそうに口元を緩ませてこう言った。

渋谷ハチ公前で演説中の
中川智晴候補。
着ているのが
ジャイアン風セーター

「じゃあ、始めます」

「どうぞ」

中川は「休め」の姿勢を取ると、左手で傘を差し、顔を右斜め45度に落としてポーズを取った。まるでSMAPが歌う前のポーズを決めているようだ。そして右手に持ったトラメガを一度大きく天に突き上げた後、SMAPが映るビルに向かってこう叫んだ。

「キムラ〜〜！　タクヤッ！　さんっ！」

中川は敬称を略さなかった。

「ナカガワ〜ッ！　トモハル〜ッ！」

小雨の中、傘を差して歩いていた人たちが、ビクッとして中川の周りを避けて歩いていく。

「わかるかぁ〜！」

避けて通るどころか、Uターンして逃げていく人もいた。

「キムラ〜〜！　タクヤ〜〜！」

SMAPのメンバー、木村拓哉氏に呼びかけているようだ。

「聞こえるか〜〜！」

中川はトラメガをくるくると回し、決めポーズを取りながらどんぶり勘定政策やトップガン政治を力説した。しかし、最初の一言に力が入りすぎて音が割れてしまうため、なかなか聞き取れない。通り過ぎる人が中川の一言一言にビクッ、ビクッと驚く様子が、私の撮影した動画には残っていた。

そして中川は告示前に私に予告した通り、選挙期間中の2月7日に東京を後にし、ニューヨークへと旅立った。

私は本当に中川がニューヨークにいるのか確認するため、中川の携帯電話に電話をかけた。しかし、留守番電話だった。それでも、呼び出し音は相手が海外にいる時のものだった。

そして選挙結果が出た後の2月12日。私は帰国直後の中川に、改めて話を聞いた。

「ニューヨークでは風邪をひいて大変でしたよ。トップガン政治の『どんぶり勘定』というのは、お金を刷る政策です。この政策を伝えるために、『ニューヨーク・タイムズ』に話をしに行ったんです。結果的にインタビューは実現しなかったので、政策をメールで送りました。それからオバマ大統領にもこの政策を伝えたくてね」

ひょっとして、大統領に会って直訴したのですか？

「いや、マニフェストを郵送しました」

マニフェストは英語版もあったのですか？

「表書きは英語で、マニフェストは日本語で郵送しました。世界の人を救ってほしい、とね。本気でやれば伝わると思って」

今後はどうするのですか？

「京都の府知事選に出ようと思っています。倉敷には帰りません。誰もいませんので」

今回の選挙結果はどう受け止めていますか？

「予想の10分の1ぐらいですね。でも、私の政策に４３５２票入れてくれたんだなという喜びはある」

その後、中川は京都府知事選挙には立候補しなかった。あれほど出る出ると言っていたのにどうしたのか。何かあったのか。

そう思っていた矢先、私の携帯電話に「０５４」で始まる電話番号から一本の電話がかかってきた。末尾は「０１１０」。

「畠山さんの携帯電話でよろしいでしょうか」

女性の声だ。

「私、静岡県警の者ですが、畠山さんは中川智晴さんをご存じでしょうか」

電話番号の末尾が「０１１０」だから、発信者番号を偽装していない限り、本当に警察だろう。しかし、なぜ静岡県警なのか。

「私はフリーランスライターなのですが、中川さんが東京都知事選に出てらしたので取材をしていました」

「はぁー、選挙？　ですか……」

どうやら中川が都知事候補だったことを知らないようだ。

「で、中川さんがどうかされたんですか？　まさか、何かあったんですか？　事故に遭われたとか？　それとも……」

「いや、中川さんの携帯電話に畠山さんの電話番号が登録されていたので、ご親族の連絡先をご存じないかと思ったんです」

「中川さんに何かあったんですか！　命に関わることですか？」

「いや、生命に関わることではないのですが、今、ご本人がちょっとお話しになれない状態でして」

生きてはいるが話せない状態？　どういうことなのか。

「ちょっと中川さんに替わってもらうことはできませんか」

「それができない状態でして。もし中川さんのご家族のご連絡先をご存じでしたら、教えていただきたいと思いまして」

「岡山のご両親はすでにお亡くなりになったと聞きました。ご兄弟が東京に一人いる、とはご本人がおっしゃっていましたが」

「ご連絡先をご存じないでしょうか」

「残念ながら存じ上げません。あの、本当に中川さんは大丈夫なんですか。命の危機なんですか？」

「いえ、そういうわけではありません」

何度、どういう状態かを聞いても、「ちょっとお話しになれない状態で」としか答えない。

「逮捕されたんですか」

「いえ、そうではないです」

結局、私は最後まで中川本人と話すことはできなかった。

それから約1年後の2015年4月末。中川は突然、YouTubeに動画をアップした。動画は特に「選挙に出る」というようなことを宣言するものではなかったが、「トップガン政治　from　Nakagawa」や「どんぶり勘定政策」についても語られていた。

その後、私は何度も中川の携帯電話を鳴らしたりメールを送ったりしている。しかし、中川からの返事はまだない。

カジノおじさん

選挙では、非常にシンプルな主張で勝負する候補もいる。それが2012年の都知事選に続いて２０１４年も立候補した一般社団法人セリーマレーシア協会理事長の五十嵐政一（82歳）だ。

五十嵐は45年前からマレーシアでコンサルティング業をしており、マレーシアでのカジノ開業の際は、韓国からノウハウを聞くなどしてプロジェクトに関わってきたという。

私が五十嵐に都知事選での政策を聞くと、２０１２年も２０１４年もまったく同じ主張を繰り返した。

「カジノ！　カジノ！　カジノ！　それしかないの！　羽田空港のそばにカジノを作って外国人を呼べば、景気対策、雇用も生まれる！　そして一番大事なのは、日本人は絶対カジノに入っちゃダメ！　外国人だけをメンバーにするの！」

マレーシアで長年ビジネスをしてきた五十嵐は、同国との友好関係もアピールしていた。妻を同伴した出馬表明記者会見では、

「マレーシア国王から推薦状をもらう」

との仰天プランを発表。イスラム圏との共存共栄も訴えた。私が記者会見の場で「日本での推薦者はいないのか？」と質問すると、

「日本の推薦者はいないのョ」

とマレーシアの国旗をかわいくパタパタ振りながら回答した。そして選挙戦が始まると、五十嵐は「マレーシアのロイヤルファミリーからの推薦状」とする英文書類をホー

ムページにアップした。

２０１４年の都知事選で五十嵐の演説を聞きに行くと、五十嵐は30分にわたって熱弁をふるっていた。

「耳の穴ぁ、こっぱじって（かっぽじって：筆者注）聞いてくだしゃい！　東京に今一番大事なのは、オリンピック、パランピック（と言っていた：筆者注）！　世界に誇れる立派なオリンピック、パランピックにするためには、カジノ、カジノ、カジノ！　カジノしかないんですよ！」

こぢんまりとして丸みを帯びた体の五十嵐が大きなアクションで演説するさまは、とても愛らしい。しかし、言葉は力強い。

「私は荒波の日本海のぉ～！　カニが捕れる越前海岸の育ち！　う～ん、もう、やんちゃ坊だったことは、まちゃじゃい（間違い：筆者注）じゃあ、ありましぇん！　私はそれを発揮したいの！」

五十嵐は前回２０１２年の都知事選に立候補したことで、長年音信不通だった親戚から電話をもらったことを、涙を浮かべて喜んでいた。

「『五十嵐んとこのやんちゃ坊が都知事選に出よったわ～。がんばっとるのぉ～』って電話もらってね。嬉しくて、嬉しくて」

そうかと思えば、街頭演説ではこんなことも話していた。

「都知事は女性に惚《ほ》れられる男じゃなきゃ、務まりましぇん！」

その理由を聞くと、五十嵐は慣れた口調でこう言った。

「石原さんも猪瀬さんも、女性職員に好かれていなかったのでしょうョ。私なら毎朝都庁に出勤して、女性職員に『おはようョ』とか『元気かや？』と話しかけますよ。これはね、決してエッチなヤツじゃあ、ありませんョ。社長が女性職員に尊敬されたら、都庁は活性化して財政がよくなるんですョ！」

五十嵐の街頭演説は絶叫調だ。ときおり声が裏返る。聴衆の反応を見ているのかいないのかはよくわからないが、絶叫の後には間を取る。そして「○○なのョ」と急にささやくように言葉を発したりもする。そのタイミングが絶妙で、話を聞く者は思わず笑ってしまう。

そして、驚くべきことに、その発言内容にはブレがない。この選挙の時、私が仕事をしていた『週刊プレイボーイ』では都知事選特別取材班を組んで取材をしていた。私とは別の機会に別の場所で五十嵐を取材した興山英雄《こうやまひでお》記者にも、ほぼ一言一句違《たが》わぬ言葉で答えていた。五十嵐の語りは、もはや古典落語のような「話芸」の域に達していた。

しかし、この選挙で五十嵐が獲得した票は３９１１票。前回都知事選（２０１２年）での得票（３万６１１４票）からは大幅に票を減らして16人中10位。得票率０・08％で供託金は没収された。

私が選挙後に話を聞くと、五十嵐はこう憤った。

「これは東京都知事の選挙なのに、国の内閣総理大臣が一人の候補を応援する。そして投票箱が閉まった8時に当確発表。これはまさに大東亜戦争の時の大本営発表と何も変わらない！　国が応援するということになれば、今後、各県の知事選挙の時にこういうことを繰り返すことと同義じゃないですか！　これで東京オリンピック、パランピックが成功するとは思えません。私はまた次回も出ますよ！」

選挙公報に自らを「へんな日本人」と書いた五十嵐。2014年の都知事選では1800万円をかけて都内約1万4000ヵ所の掲示板すべてにポスターを貼っていた。これは無名の新人候補としては異例のことだ。

その効果があったのだろうか。五十嵐の得票数が「0」だったのは、全62開票区のうち、檜原《ひのはら》村、利島《としま》村、神津島《こうづしま》村、御蔵島《みくらじま》村、青ケ島《あおがしま》村の5区域だけだった。

職業・革命家

2014年の都知事選には、自身の職業を「革命家」と名乗る根上隆（64歳）も立候補した。根上は1989年の参議院議員選挙に、主権在民党から立候補したことがあった。

「私は都庁に昭和48年に入り、田中角栄の金権腐敗政治を打破したい、私自身が総理大臣になって人事を刷新しなければならないと考えていました。しかし、官僚機構はそんな甘いもんじゃなかった。真の革命家とは、誰もがおかしいと思っていることを変える。私が都知事になったら議会を解散し、利権代表の議員を追放する！」

根上は選挙を前に、そう意気込んだ。

しかし、「革命家」は職業として成り立つのだろうか？　まずはそこが気になる。私が素朴な疑問をぶつけると、根上はこう答えた。

「これまで産業廃棄物処理の仕事や宝石商など、いろんなことをやってきた。でも、一般的な労働は避けようと考えてきた」

それはなぜか。

「革命家だから」

収入はあるのか。生活はどうしているのか。

「M&Aをやって収入も得ているが、右翼でも左翼でも、多額のカンパをしてくれる人がいる。そもそも、お金がないと生きていけない社会がおかしい！」

根上の供託金300万円はカンパで賄ったものだという。この時は埼玉にいる支援者の家に住まわせてもらっていると言っていた。

私はもう一つ気になっていることを根上に聞いた。

「2013年4月に築地でマグロ包丁を振り回して逮捕されてますよね。何があったんですか」

根上はこの時築地市場を訪れたが、市場関係者から不審者として通報された。根上は職務質問に来た警官を振り切って逃走。別の店にあったマグロ包丁を奪い取って警官に斬りかかろうと市場内を駆け回った。そして公務執行妨害、殺人未遂の容疑で現行犯逮捕されていた。

「あれは正当防衛だ。出馬会見の資料にも書いてあるだろう。おれはそのことも訴えたいんだ」

「でも、マグロ包丁は振り回したんですよね」

根上は築地での事件の後、精神鑑定で心身に異常があると診断されて不起訴となり、後に措置入院となっていた。

根上は告示日の夕方、黒革のキャップ、全身黒の服に身を包み、大きな袋を持って選管に現れた。足下は長靴。立候補の届出は16番目。締切時間直前、最後の立候補者だった。

根上が職員に書類を渡し、椅子に座る。私はビデオカメラを根上が持ってきた袋に向け、ズームした。すると、そこにはおもちゃのピストルとマシンガンが2丁ずつ入って

選挙管理委員会で
立候補届の手続き中、
筆者におもちゃの
ピストルを向ける根上隆候補

いた。

職員に書類を確認してもらっている間、根上は突然椅子から立ち上がった。そして袋からおもちゃのピストルを取り出すと、無表情のまま私のほうを向いて狙いをつけた。

「バーン！　バーン！」

根上がそんな声を上げる中、私が微動だにせずビデオカメラを回して撮影を続けると、根上はピストルをポイと袋の中に放り投げ、再び選管の職員と向かい合って手続きを進めた。選管職員は何事もなかったかのように対応する。根性が据わっている。

立候補の届出が終わると、根上は選管を後にした。第一声の演説を新宿西口でするためだ。私はこの時の都知事選取材で協力関係にあったニコニコ動画のスタッフに連絡を入れた。

「根上さん、都庁出ました。私は選管で取材していたら、おもちゃのピストルで撃たれました」

都庁で立候補受付締切の17時まで取材をしなければならなかった私は、根上の第一声を見に行けなかった。

しばらくすると、現場で第一声を生中継するために待ち受けていたスタッフから私の携帯電話に連絡が入った。根上が長い刀を持って現れたというのだ。

「さすがにちょっと刀はヤバいと思うんで、中継は中止します」

大雪の自民党本部前　街頭演説

「街頭演説するから見に来てよ」

　根上から私の携帯電話に連絡があったのは選挙戦最終日の2月8日。根上が私に指定した場所は、夜の自民党本部前だった。

　この日の東京は大雪で、道路には雪が積もっていた。私は冬用タイヤを装着した車で移動しながら他候補の取材を続け、それが終わると自民党本部前へと向かった。雪は20センチ近く積もっている。

　自民党本部前に近づくと、中央分離帯寄りの車道の真ん中に銀色の車が1台停まっているのが見えた。日産のミニバン、セレナだ。そしてなにやら叫ぶ声も聞こえた。おそらくこれが根上の車だろう。私は自分の車を歩道側に寄せて停車すると、車を降りて走った。

　自民党本部側の撮影ポイントに着くと、運転席には根上がいた。助手席には誰も乗っていないようだ。根上は運転席の窓を開け、上半身を半分乗り出し、右手に持った小さな赤いトラメガを通じて自民党本部の建物に向かって叫んでいた。頭には陣笠《じんがさ》をかぶっていた。

「権力の犬～！　金権腐敗政治の元締め～！　お前たちは自決しろ～！　それに尻尾を振ってる手先の歼添は、自らの命を絶って国民に謝罪せよ～！」

シュプレヒコール調でここまで言うと、根上は突然、時代劇のナレーションのような渋い声でこう続けた。

「さもなくば、我々は全員皆殺しにするであろう。世界同時革命委員会委員長、根上隆」

ものすごいものを撮ってしまった。根上は続けた。

「我々は、すでに生体核兵器を5000基用意している。世界中の大統領、首相を一瞬にして殺すことができる。我々は、太陽をも摑んだのだ」

話している内容は「死」に関することだ。それなのに「詩」的な表現を挟んでくる。

「元始、女性は太陽であった」

今度は何が始まるのか。平塚《ひらつか》らいてうだろうか？

「しかし、今、梅干しババアである」

自民党本部前で警備をしていた若い警官が思わず吹き出した。しかし、根上自身は少しも笑わずに続ける。

「オリンピックなんか誰のためにやるんだ、このやろう！　築地の移転、六価クロム、水銀、鉛、ヒ素まである。なんで大事な建物を液状化するところに持ってくんだ！」

しばらく演説を続けた後、根上は自民党本部前でUターンしようとして車を発進させた。しかし、ノーマルタイヤを履いているのか、セレナの前輪が激しく空転する。それでも根上はエンジンを吹かす。

「ウゥ～～～！　ウゥ～～～～！」

エンジン音の高まりとともに大きなサイレンが鳴った。パトカーか？　いや、よく見ると根上が持っているトラメガがサイレンの音を出している。前輪を激しく滑らせながら根上はUターンを成功させ、車のスピードを一瞬ゆるめた。そして再びトラメガを口に当てると、私の顔を見てこう言った。

「ご清聴ありがとう。畠山くん、再見《ツァイツエン》！」

根上のセレナは激しくタイヤを滑らせ、ふらつきながら国会議事堂方面に走り去っていった。


「訴えるから。法廷で会おう」

投票日から数日後、根上から私に電話がかかってきた。

「畠山、お前を訴える」

仰天して理由を尋ねた。電話で根上に聞き取ったことをまとめると、次のようなことになる。

投票日の翌日、私は新宿のイベントスペース「ロフトプラスワン」で、「時事ネタプラスワン！　～炎の都知事選スペシャル」というトークライブに登壇した。そこで根上隆ら候補者とも同席して選挙戦を振り返る話をした。だが、そこでの態度が悪かったということで、根上は司会のプチ鹿島《かしま》氏とともに私を訴えるというのだ。

「ちょっと待ってください。なんで訴えるんですか」

根上の話はまったく理解できないものだった。

「いいや、訴える。とにかく訴えるから。じゃあな。法廷で会おう」

「私は訴えられてもかまいませんが、プチ鹿島さんは関係ないですよ。鹿島さんを訴えるとか言わないでくださいね」

「いや、おれは許せないんだ。あいつを。プチ鹿島を」

私はイベントの一部始終を見ていたが、プチ鹿島氏が根上に訴えられるような落ち度は何一つなかった。しかし、念のためプチ鹿島氏には、この時の会話を伝えておいた。

それから3ヵ月ほど間を置いた5月22日。私は再び根上から電話を受けた。

「病気で医者からもう助からないと言われたんだ。次の選挙には出ないことに決めたよ。

こないだの都知事選がおれの最後の選挙。未練はあるけど出てよかったよ。じゃあね」

そう言って電話を切ろうとする根上に私は聞いた。なぜ選挙に出たのか、と。

「どうしても汚名をそそぎたかったんだよ」

その言葉に続けて、根上は最後にこう言って電話を切った。

「いろいろと世話かけたね。ありがとう。活躍してね」

根上の声は極めて明るかった。

しかし、それから約1ヵ月後の2014年6月。6月29日執行の杉並区長選挙に、突然、根上は立候補した。この時、根上は選挙公報の原稿を提出しなかったため、選挙公報に根上の主張は一言も載らなかった。私は立候補を知るとすぐに携帯電話に連絡をしたが、根上は電話に出なかった。

この杉並区長選挙で根上が獲得した票は989票。当選した田中良《たなかりよう》が5万6342票を獲得するなか、根上は得票率0・79％で5人中5位の結果に終わった。

根上は今どうしているのか。そう思いながらも時は過ぎた。

私が次に根上隆の名前を見たのは、同年8月10日に行なわれた長野県知事選挙だ。根上はここにも立候補した。

私はまた根上に電話をした。しかし、出ない。この長野県知事選で当選したのは、自民、民主、公明、維新、次世代、結い《ゆ》、社民の推薦を受けた阿部守一《あべしゆいち》。阿部は62万64

62票を獲得し、得票率は84・23％だった。根上は1万1209票。得票率1・51％で3人中3位だった。

長野県知事選から1週間も経たない2014年8月15日夜。私が自宅で仕事をしているとインターホンが鳴った。電報が届いたのだ。配達員から受け取ると、すぐに封を切った。

「すぐ来て　1日1回3人迄《まで》の面会優先順位2にする　根上」

しかし、肝心の「どこに」という情報が書かれていない。発信元も書いていない。「面会」という文面から病院かとも思ったが、「優先順位2」という言葉からは留置所が想起された。急いでNTTに発信元の所在を問い合わせると「開示にはご本人の同意が必要です」という。

そして私は次の言葉で脳天を叩かれたようなショックを受けた。

「発信元の同意が得られても、手数料で1080円かかります」

当時、私はライターの収入だけでは家族の生活を支えられず、アルバイトをするなどしてなんとか生活をやりくりしていた。金銭的に余裕がなかった私は、これ以上の調査を断念した。

それから約2ヵ月後の10月中旬。私はインターネット上で衝撃的な情報に触れた。根上が10月12日に亡くなったというのだ。

本当なのか。私はすぐに根上の携帯電話に何度も電話をかけた。しかし、ついに根上が電話に出ることはなかった。結局、正式な訴状も届かなかった。

消えた「インターネッ党」

16人が立候補し、多種多様な人材が揃った２０１４年の都知事選挙。この時、実業界からはＩＴ関連企業代表取締役の家入一真（35歳）が名乗りを上げていた。家入は出馬会見で、出馬の経緯を次のように語った。

「昨年（２０１３年：筆者注）12月19日にツイッターで『１０００ＲＴ《リツイート》で都知事選出馬』と書いたら30分で達成してしまって、あとに引けなくなったんです（笑）。でも正直、興味はあった」

この時、ツイッター上ですぐに「全・力・応・援！」と応じたのが、家入と10年来の親交があり、出馬会見にも同席した堀江貴文《ほりえたかふみ》氏だ。お笑いコンビ、ロンドンブーツ1号2号の田村淳《たむらあつし》氏、脳科学者の茂木健一郎《もぎけんいちろう》氏らも家入への応援コメントを残している。

一見、インターネット上でのおふざけから派生した立候補のようにも思えるが、家入本人は真面目に、かつ選挙を面白くすることを考えて出馬したという。

家入自身が引きこもりだった経験から、目指すのは「居場所がある街・東京」「遊べる街・東京」。そしてインターネットを使って政治をもっと身近にする「政治に参加したくなる街・東京」だ。家入にはそれまで全国6ヵ所にシェアハウスを作り、居場所のない人たちがものづくりをする環境を作ってきた実績もあった。

当初は300万円の供託金をクラウドファンディング（インターネットを通じた資金集め）で集めることも検討したが、時間的な制約もあり、最終的には堀江氏ら友人から「無担保で借りる」ことで出馬にこぎつけた。もちろん借用書は交わしたという。

私が家族は反対しなかったのかと聞くと、家入は苦笑した。

「選挙対策会議の後に家族対策会議をやったら、『もっと早く言え』と怒られました。最初は家族にも『ふざけて出るの？』と思われていました。ですが、深夜1時から朝方まで真面目に自分のやりたいことを話したら、『わかった』と。今は選挙や政治が政治家のものになっている。インターネットを使って、政治や選挙を、僕らの身近なものとして取り戻したい」

2014年の都知事選は、インターネット選挙運動が解禁されてから初めて迎える都知事選だった。そのメリットを候補者の中で最も活用したのが家入だった。家入は供託金を堀江氏ら友人に借りたものの、その後のクラウドファンディングで借金分以上の支援を受けた。日本で初めて選挙資金をクラウドファンディングで調達したのが家入だと

家入一真候補（右）と
支援者の堀江貴文氏

いっていい。

「目標額の500万円を大きく上回る、約744万円もの支援をいただきました。供託金で300万円、残りの400万円をポスター代や事務所を借りる経費に充てました」

そして家入は続けた。

「これができれば、志はあるけどお金がない若い子がどんどん出馬しやすくなる。どんどんみんなが政治に参加できる」

家入はインターネットで広く政策を募集し、選挙中に政策を決定していく手法を取った。これも前代未聞だった。寄せられた意見は3万件超。家入陣営はそこから政策を120本にまとめあげた。この政策の数は、この時の都知事候補の中では最多だった。

「若い子たちが投票に行かないのは、声を上げても無駄だって絶望しちゃっているから。今の政治家は誰も僕らの声を代弁していないな、って思っているわけですよ。なので、とりあえず『声を上げていいんだ』ということを、第一段階としてやりたかった」

家入の得票は、8万8936票だった。

「選挙直後はクラウドファンディングの対応や残務処理、総括などに追われていました。今も完全には終わっていませんが、少しずつ日常に戻りつつあります」

しかし、政治への熱が完全に冷めたわけではないという。

「熱のあるうちに次の活動につなげていくために動きはじめています。今回の都知事選は『はじまり』です。党名に批判も集まっていますが、総務省にも届け出た政治団体『インターネッ党』の今後について議論をし、近々再度詳細を発表できたらと考えています。また今回デジタルデバイドの問題を肌で感じたので、若者がお年寄りにネットやスマホを教えることでつながる活動を始めます。この活動を通じて、ご年配の意見を聞き、また地道に僕らの活動を知ってもらえたらと思っています」

家入は投票日翌日、「インターネッ党」のサイトに「2020年までに東京23区全ての区長選立候補者を擁立していく」と今後の方針を打ち出した。

インターネット上で資金援助者を募り、政策づくりにもネット経由で参加できる。そしてその政策を掲げた候補をリアルな選挙に立候補させる。そして、いつかは当選――。インターネッ党の活動は「リアル政治家育てゲーム」になる可能性を秘めているのではないか。当時の私はそう思った。

しかし、結果的にこの運動は頓挫した。インターネッ党は都知事選直後に行なわれた練馬区長選、中野区長選ともに候補者を擁立できず、2014年6月には実質的な活動を休止した。

2016年2月下旬、私が「インターネッ党」のURLにアクセスしようとすると、画面にはこんな文字が浮かび上がった。

「このウェブページにアクセスできません」

そして2017年10月現在では、同じURLにアクセスすると、「サーバが見つかりません」と表示されるようになっていた。

「公約は当選してから発表する！」

2014年の都知事選で告示日（1月23日）の前日、愛知県から車を飛ばして都庁の選挙管理委員会にやってきた候補者がいた。それが元愛知県瀬戸市職員の酒向英一（64歳）だ。

「他の立候補者を見ていて怒りを感じた。原発、オリンピック、とにかくすべてに対してだ！」

酒向は選管から記者クラブに誘導され、控室に来ていた。そして記者たちにそう訴えた。私もその場にいた。感情を高ぶらせながら、酒向は前代未聞の発言をした。

「公約は当選してから発表する！」

え？　なぜ？　と私が聞き返すと、酒向は力強く言った。

「どうせ当選しないんだから！　東京は全国の注目が集まる。とにかく怒りを表したい！」

ご家族は出馬に賛成ですか？

「立候補の相談はしてません！　家族は関係ないから電話はしないでほしい！　供託金は、15年ほど前におふくろが亡くなって相続していた土地が、去年売れて遺産が転がり込んだ。そんな時に猪瀬さんが辞められた。もう300万円ぐらい捨ててもいいと思った。とにかくすべてに怒っているんだ！」

選挙中の活動予定を聞くと、酒向はきっぱりと言い切った。

「どうせ勝てないからやらない。糖尿病からくる神経性の病で、おとといから体が動かないんです」

記者たちが細かい質問を続けると、酒向は突然泣き出した。

「もういいでしょう！　早く下に降りたい。下の駐車場に停めた車の中に息子が待ってるんです。息子は障害を抱えとって……」

酒向の涙は止まらなかった。記者たちは質問を最低限のものにとどめて、酒向を解放した。

私は告示後の1月27日に酒向に電話をして話を聞いた。酒向は政見放送の収録が終わったこの日、地元の愛知県に帰ると言った。

立候補した後、ご家族は何かおっしゃいましたか？

「女房には『子どもと一緒に大相撲の初場所を観に行く』と伝えて家を出ましたが、たぶん報道でバレてるでしょう」

奥さんは怒っていませんか。

「諦めとるでしょう。前回、瀬戸市長選の時も相談せずに出ちゃいましたから……。でも、今回はちょっと嫌な予感がする。家に帰るのが怖いです」

その数日後、私はまた酒向に電話した。家族に一言も言わずに立候補した、というその後日談を聞くためだ。

「別にさほど問題になっていない。4回目の出馬なので、まったく無視。反応がありません。私が逆の立場だったら、離婚したいですね。当たり前ですよ。でも、それも言われないのが怖い」

酒向さんが選挙に望むことはなんですか？

「公平に扱ってほしいね。そもそも公開討論会をやらないというのはいかんよ。今回ならば立候補者が16人いるんだから、公開討論を本選に対する予備選みたいにすればいい。16人を半分に絞る。そこでまた8人で討論して4人、最後は4人から2人に絞るような形にしていけばいい。これだけ議論を見せれば『名前が売れている』だけで当選するということはなくなる」

これは一理ある。政策論議を深めるために、社会ができることはもっとある。

「徳田虎雄さんからお金を借りたい」

立候補の届出は告示日の朝8時30分から夕方5時までだ。それまでに選挙管理委員会に必要書類を提出できれば、立候補は受理される。通常は事前審査などを受ける候補者が多いが、必須事項ではない。あくまでも告示日の事務手続きをスムーズにするためのものだ。そのため告示日当日に駆け込んでくる候補者も決して珍しくはない。

２０１４年の都知事選では、松山親憲（72歳）がそうだった。松山は告示当日に都知事選のニュースを鹿児島で見て、そこから飛行機に飛び乗って参戦した。

松山も根上同様、本当に締切時間ギリギリに飛び込んできたため、まず都庁記者クラブの記者たちから経歴について詳しく聞かれることとなった。

当初、松山は記者たちに職業を「警備会社の正社員」と伝えていた。ところが記者たちがその警備会社に問い合わせると、会社側から「正社員ではなくアルバイト」との返答があった。

「松山さん、会社はアルバイトと言っていますけど」

「え！」

松山は絶句した。

「ほんまですか……」

相当ショックを受けたようだ。松山は信じられないといった表情で記者団に説明した。

「自分も今、初めて知りました……。私は正社員だと思っていました。研修も受けたんで……」

立候補の届出に来て初めて知った事実。いきなり松山はしんみりしてしまった。翌日の新聞には、松山の経歴は「アルバイト」と書かれていた。後日、松山は私にこう言った。

「見解の相違ですね。私自身はアルバイト扱いでの採用と言われたこともないし、正社員と言われたこともない。ただ、毎日フルタイムで働きに行くから、正社員だと思っていた」

会社はどうやって休んだのでしょうか。

「突然、『お休みをください』と言って、理由は言わずに東京に旅立ったんです。会社は1日か2日の休みだと思っていたと思う。社長に理由を言えばよかったんですが……」

まさか選挙に出ることを一言も言っていなかったんですか？

「生まれが指宿《いぶすき》なので、本当は指宿市長選に出る予定でした。ところが細川護熙さんも宇都宮健児さんも、『脱原発後』の具体的なことを言わなかった。私の具体的解決策はガスコンバインドサイクル。このことを都民に知ってもらいたいと突如思い立って、ジェットスターという安い飛行機で東京にやってきたんです」

東京に乗り込んできたはいいが、松山は鹿児島での反応も気がかりのようだった。

「会社は新聞で見たりニュースで見たりで、情報はキャッチしていると思う。明日の朝、会社に顔を出して直接社長にお詫《わ》びしたい。そこでクビになったら仕方がない。継続できるなら明日から仕事させてとお願いするつもりです」

ご家族はなんと？

「連れ合いは10年前に亡くなっていて、３人の子どもはみんな独立して家庭を持っています。『なんでバカみたいなことするの』と言われましたが『お父さんはこの世に生を受けて二度と生を受けることができない。ご飯の次に政治的なことが好きだから』と言いました。それでも『無茶すぎる』と言われましたけどね。選挙中も家族は何も応援してくれないでしょう」

松山に関しては、その後さらに新事実が判明した。高校教諭を退職後、鹿児島の徳田《とくだ》虎雄《とらお》元衆議院議員の事務所で運転手をしていたというのだ。松山は私を含む記者たちに明るく話した。

「お給料をいただいて車に乗っててね。鹿児島弁で『おばさーん、たのんもんでなー、とくだとらおでーす』とやってました」

この言葉の後、松山は記者たちを固まらせる言葉を続けた。

「今回、徳田さんにね、選挙資金が必要なのでお金貸してください、って相談しようと思ったんです。でも、まだその相談の時間が取れなくて」

そもそもこの時の都知事選は、猪瀬直樹が選挙の際に徳田虎雄から5000万円を借りたことが火種となって行なわれたものだ。それをまったく忘れたかのような衝撃の発言だった。

「開票特番2・0」という冒険

2014年2月9日、午後7時50分。

東京・半蔵門にあるニコニコ生放送のスタジオには、この日投開票が行なわれる東京都知事選挙の立候補者4人が集まっていた。メンバーは私が声をかけて都合をつけてくれた、ひめじけんじ、内藤久遠、五十嵐政一、松山親憲の各候補だ。

彼らは、私が企画したインターネット生中継番組「候補者と見よう！　東京都知事選2014　開票特番2・0」のために集まってくれたのだった。

私はこの時までに、立候補予定者全員に声をかけた「公開討論会2・0」を2012年、2014年の2回にわたって行なってきた。

2012年に初めて行なった「公開討論会2・0」の視聴者は3万3000人を超えた。これは直前に行なわれたJCの公開討論会よりも1000人以上多かった。生放送中に届いたコメント数も、JCの討論会が3万8000件あまりだったのに対し、「2・0」は4万9000件近くに達した。

視聴者数、コメント数よりも大きな差がついたのは、番組終了後の視聴者アンケートの内容だ。「主要候補」だけを集めたJCの討論会のアンケート結果は、次のようなものだった。

1　とても良かった　35・5%
2　まあまあ良かった　30・5%
3　ふつうだった　21・3%
4　あまり良くなかった　6・5%
5　良くなかった　6・2%

それに対して「公開討論会2・0」終了後のアンケートは次のような結果となった。

1　とても良かった　85・0％
2　まあまあ良かった　9・1％
3　ふつうだった　1・8％
4　あまり良くなかった　2・0％
5　良くなかった　2・1％

1と2を合わせて、94％以上の人が「良かった」と答えていた。世間的には「本家」と思われていたJCよりも、「2・0」の満足度のほうが高かったのだ。

「2・0」の参加者は、テレビや新聞などのマスメディアに取り上げられる機会が非常に限られている。この番組で初めて候補者の生の姿を見た視聴者からは、

「普段はテレビや新聞で報じられない人たちの本音や人柄が知れた」

「トンデモ系の人たちかと思っていたが、まっとうな政策を訴えていて驚いた」

「新聞やテレビはなんでこの人たちを呼ばないの」

などのコメントが寄せられた。そうした「知られざる候補者たち」の主張を知ることができる貴重な機会として、「2・0」は評価されたのだ。

もちろん、「候補者博覧会」として興味本位で視聴した人もいただろう。JCの討論

会から、惰性でそのまま視聴した人もいるだろう。私自身も候補者一人一人の政策以上に、人間性に強い興味を持っていたことは否定できない。すべての候補者は、いわゆる「主要候補」であろうが「無頼系独立候補」であろうが、とにかく人間として「面白い(interesting)」のだ。

それではこの「知られざる候補者たち」は、自身が戦った選挙の結果をどう受け止めるのだろうか。私は「公開討論会2・0」を企画した時から、候補者自身が公開の場で開票速報を見守る「開票特番2・0」もいつかはやりたいと考えていた。

私はこれまで選挙を取材してきた際、開票終了後に無頼系独立候補たちに選挙戦を振り返って「今回の選挙はどうだったのか。そして、これからはどうするのか」を聞いてきた。私はそこまでが選挙、いや、そこからが政治だと思っている。同様に、選挙期間中に各候補の主張を聞いた視聴者もそういった言葉までを含めて聞きたいのではないだろうか、と考えてきた。

そんな私の思いに興味を持ってくれたニコニコ動画の協力により、実現したのが「開票特番2・0」だった。

投開票日当日に候補者を集め、一緒に開票状況を見守る。勝つかもしれない。負けるかもしれない。自分は何票取れるだろうか。そんな緊張感の中、番組の放送開始が迫った。

投票箱が閉まるのは午後8時だ。その1分前、スタジオに5人分用意された椅子には、中央の1席だけを残し、4人が横に並んで生放送の開始を待っていた。中央の椅子が空いているのは、マック赤坂も8時に駆けつけることになっていたからだ。

候補者たちの視線の先には、各局の放送が見られるモニターが据えられていた。

「放送開始、30秒前です」

4人の候補者が姿勢を正して生中継のカメラとモニターに視線を送る。

「5秒前、4、3……」

2、1、はフロアディレクターが指を折って示した。候補者たちはニコニコ動画の視聴者が放送開始前から打ち込んでいるコメント画面を見ながら生放送本番を迎えた。

「ニコニコ生放送をご覧のみなさまこんばんは。フリーランスライターの畠山理仁です。現時点でわかっている投票率ですが……」

他局の選挙特番も、「開票特番2・0」とほぼ同時に始まっている。私がそれらのテレビモニターを確認しようとしたその時、画面上部には速報の字幕が打たれていた。

「東京都知事選挙、舛添要一氏が当選確実」

まだ投票箱が閉じられて数秒。開票作業はこれからだ。それなのに、事前の情勢調査や出口調査をもとに「当確」が打たれた。

スタジオにはモニターを通じて「拍手の音声」が流れてきた。ネット番組の放送画面には、「舛添氏当確」の第一報を喜ぶ内田茂《うちだしげる》東京都議（自民党東京都連幹事長）、石原伸晃《のぶてる》衆議院議員（同会長）など、舛添候補を支援した面々の姿が割り込んでくる。映像は、ニコニコ動画が中継取材班を送っている舛添要一事務所の様子が使われた。

「これは舛添さんの事務所ですかね……」

あまりにも早すぎる当確。「開票特番2・0」のスタジオに集まっていた4人の候補者たちは、無言でモニターに釘付《くぎづ》けになった。

8時2分。モニターの向こう側では、舛添候補本人が事務所に現れ、支援者とともに万歳三唱をし、勝利の挨拶を始めた。その様子をこわばった表情で見守る「2・0」の4人がニコニコ生放送の番組に映し出される。とても残酷な絵面だ。

「ひたすら政策を訴えて、他のどの候補よりも全域をまわり、最もたくさんの有権者のみなさんと対話をした。それに尽きると思います」

舛添事務所ではマスメディアによる舛添への共同インタビューが始まり、勝利した舛添がそつなく答えていた。

まさにその時、「開票特番2・0」のスタジオにマック赤坂が遅れて到着した。

「なに!?　当確出たの!?　おれが当選じゃないの!?」

マックはカバンを手にゆっくりとスタジオ壇上の中央の椅子に着席した。その間も、舛添事務所の共同インタビューは続いている。

マックは座ったばかりの椅子からすぐに腰を上げた。

「ありえないよな！　おれ、帰っていいか？　ごめんな」

ニコニコ生放送のカメラは、開票特番のスタジオを去ろうとするマックの姿を映し出した。

「マックさん、帰っちゃうんですか」

椅子には1分も座っていない。私の呼びかけにも、マックは歩みを止めなかった。

「まだ開票も始まっとらんのに舛添が当選って、どういうことだ」

スタジオでマックにちゃんと話を聞きたい。私はなんとか引き止めようと努力したが、静かに怒っているマックの意思は固かった。

「おれ帰るわ。せっかく呼んでくれたのに、ごめんな」

マックはカメラに少しだけ映ると、スタジオを去っていった。スタジオには何が起きたのかわからないという表情の4人が残された。

カメラに映らない場所で、ニコニコ動画の七尾功《なおこう》政治担当部長が私にささやいた。

「マックさんが帰っちゃったのは仕方がないです。スタジオにいるみなさんと続けましょう」

司会者として、マックが姿を消すことも最悪のシナリオの一つとして予想はしていた。しかし、あまりにも早すぎた。いや、むしろこんな状況の中、4人の候補者がまだ椅子に座ってくれているだけでもすごいことだ。

「本日の投票率は……。19時30分現在の推定投票率は、男性が35・05%、女性が33・26%。平均が34・14%。前回の47・97%から13ポイントくらい低いですね。期日前投票の票数も出ていまして、今回は100万2914。これも前回と比べて少ないです」

番組開始早々、いろんなことが起きすぎた。しかし、なんとか仕切り直そう。私は4人の登壇者を順番に紹介し、それぞれに率直な感想を求めた。

最初に感想を述べたのは、私から一番近い椅子に座っていた、ひめじけんじだった。

「今こうして壇上に立って8時を待って、いきなり当確が出た。投票の終了時間が8時ですから、統計学がいかに進んで精密・精巧さが担保されたとしても、あまり早いのも味気ないといいますか……」

結果に動揺したのか、ひめじの答えは着地点を探して揺れていた。私が頭の中でひめじのコメントを整理していると、ひめじはまた話を始めた。

「選挙の意味を考えますと、次点、あるいは最下位であっても、それぞれの政策がそれぞれの票の割合で支持されたということで、全体をもって都知事選なわけですから、当確が出た、誰に決まったからといって、それで終わりだというのは、あまりにも発表が早すぎるというのが私の感想です」

次から次へと言いたい言葉があふれてくるのだろう。しかし、努めて冷静さを保とうとするひめじの態度、そして丁寧な言葉遣いは、ひめじの人柄を十分に伝えるものだった。

私は番組を進めた。続けて、各候補者がそれぞれの選挙戦を振り返った。

内藤は、この都知事選で「東京五輪を積極的に支援する」と述べる一方で、都の費用負担削減を主張していた。そして削減分は「歩行者道路と自転車道路の整備に充てる。5年後をメドに関東8県と甲信越で自転車競技『ツールド関東甲信越』を開催したい」という独自案を披露していた。

実は「歩行者道路と自転車道路の整備」は、この都知事選で勝利した舛添が都知事に就任してすぐに手を付けた。その意味では、内藤の目標は一部達成されたといえる。

その内藤の街頭演説は独特だった。私が選挙中に銀座3丁目交差点に行くと、首からも『ないとうひさお　街頭演説』という垂れ幕（街頭演説用の標旗）をぶら下げ、マイクもスピーカーも使わず、怒鳴り散らすように公約を訴え続ける内藤の姿があった。

「懐は温かいけど、心が冷たい東京。心の温かい東京にします！」

「24時間対応の『悩み苦情相談電話』を設置します！」

ドスの利いた声。そして手を横に振るガニ股歩き。内藤は激流を遡上する魚のように人波の真ん中を流れと逆方向に歩いていく。そして信号待ちで立ち止まる人の前にまわり込むと、

「懐も心も温かい東京に！」

といきなり大声を出す。相手が怖がって歩き出すと、その後ろをついて歩いて再び大声を出す。そしてまた前にまわり込もうとする。まるでキャッチセールスのような街頭演説だ。

「東京電力を都営化します！」

「東京の人口を半分にします！」

「ツールド関東甲信越を開催します！」

とことん聞かせにいく壮絶な演説だ。私が演説の合間に話を聞くと、内藤は私一人に向かっても演説と変わらない大声で話した。

「みんな私と目が合いそうになると、用もないのにケータイに目を落とす。でも、お金も支援してくれる人もいない自分は、政策とこの人柄で勝負するしかありませんから！」

野太く、渋い声。それだけに面と向かって政策を訴えられると怯《おび》える人がいるのもよくわかる。供託金はどうしたのか。

「この5年間で両親が他界したので、その遺産から。陸自には9年いて、その後は自動車の排ガスを検査する仕事や工場の製造ライン……。職を転々とするたびに収入は減りました」

それでも、内藤は明るかった。

「失礼します！」

礼儀正しく挨拶すると、再び銀座の街で叫ぶのだった。

番組の最後には、この選挙で当選した舛添要一候補に対して、各候補が「こんな都知事になってほしい」というエールを送った。

ニコニコ動画のモニターは、全面、視聴者からの「88888888888888（パチパチ＝拍手の意味）」という字幕が弾幕のように覆っていた。

大手メディアが伝えない立候補者の一面を有権者に伝えるというこの番組の趣旨が多くのユーザーに受け入れられたことに、私は安堵《あんど》した。

第三章 東京都知事候補21人組手

2016年東京都知事選挙の際の、立候補者全21人のポスターが貼られた新橋駅SL広場前ポスター掲示板

5年半で4回の都知事選

選挙は民主主義の根幹を支える大きなイベントだ。選挙の結果次第で、世の中がよくなる可能性がある（残念ながら、悪くなる可能性もある）。そのため、私はオリンピックよりもわくわくして選挙を楽しんでいる。だからこそ、多額の経費をかけるのであればなおさら、「有権者のためになる選挙」であってほしいと願っている。

当選者が決まると政策の実現が目指されることになるが、それにはある程度の期間が必要だ。そのため政治家には4～6年の任期が定められている。しかし。

２０１１年4月10日、２０１２年12月16日、２０１４年2月9日、そして２０１６年7月31日——。

本来であればオリンピック同様、「4年に一度」しか行なわれないはずの東京都知事選挙が、5年半足らずの間に4回も行なわれる異常事態となった。

たとえば、２０１６年7月の都知事選にかかった経費は約48億円。東京都の人口は約１３６２万人（２０１６年7月1日時点）だから、都民一人あたり約３５２円を負担した計算だ。

これが高いのか安いのか。はたまた、舛添要一都知事を辞任に追い込んでまで選挙をやる必要があったのか。その正解がなんであるかは誰にもわからない。

だがこの選挙において、マスメディアによる報道ははたして有権者である都民のために誠意を尽くしたといえるだろうか。私は残念ながら「否《いな》」と言わざるをえないと思っている。

それには理由がある。7月14日の告示から7月31日の投開票日までの選挙期間中、メディアが多く取り上げたのは、いわゆる「主要3候補（鳥越俊太郎、増田寛也、小池百合子・届出順）」に限られていたからだ。

そこで第三章では、「小池劇場」一色に染まったこの２０１６年7月の都知事選で、大手メディアの報道の陰にあって日の当たることが少なかった無頼系独立候補たちの戦いを記録に残したい。

まずは２０１６年の東京都知事選の開票結果を見てみる。

順位	得票数	届出順	名前	年齢	党派
1	２９１２６２８	[11]	小池百合子	(64)	無新
2	１７９３４５３	[5]	増田寛也	(64)	無新

3	1346103	〔4〕	鳥越俊太郎	(76)	無新
4	179631	〔12〕	上杉《うえすぎ》隆《たかし》	(48)	無新
5	114171	〔3〕	桜井《さくらい》誠《まこと》	(44)	無新
6	51056	〔6〕	マック赤坂	(67)	無新
7	28809	〔13〕	七海《ななみ》ひろこ	(32)	諸新
8	27241	〔16〕	立花《たちばな》孝志《たかし》	(48)	諸新
9	16664	〔1〕	高橋《たかはし》尚吾《しょうご》	(32)	無新
10	16584	〔14〕	中川《なかがわ》暢三《ちょうぞう》	(60)	無新
11	15986	〔7〕	山口《やまぐち》敏夫《としお》	(75)	諸新
12	8056	〔10〕	岸本《きしもと》雅吉《まさよし》	(63)	無新
13	7031	〔9〕	後藤《ごとう》輝樹《てるき》	(33)	無新
14	6759	〔2〕	谷山《たにやま》雄二朗《ゆうじろう》	(43)	無新
15	4605	〔20〕	武井《たけい》直子《なおこ》	(51)	無新
16	4010	〔17〕	宮崎《みやざき》正弘《まさひろ》	(61)	無新
17	3332	〔19〕	望月《もちづき》義彦《よしひこ》	(51)	無新
18	3116	〔8〕	山中《やまなか》雅明《まさあき》	(52)	諸新
19	3105	〔18〕	今尾《いまお》貞夫《さだお》	(76)	無新

20　2695　〔21〕内藤久遠（59）無新
21　1326　〔15〕関口《せきくち》安弘《やすひろ》（64）無新

得票数が、明らかに「主要3候補」に偏っているとは思わないだろうか。

これは新聞やテレビへの露出量と無関係ではないだろう。本書の「はじめに」でも触れたが、この都知事選中に民放テレビ4社の看板ニュース番組が「主要3候補」と「それ以外の18候補」に割いた時間の比率は「97%対3%」だった。つまり、18候補の情報量は、「主要3候補」に比べて圧倒的に少なかった。

「3%」とあるように、新聞やテレビも「無頼系独立候補」のことをまったく報じないわけではない。公職選挙法に抵触しないよう、「主要3候補」の報道が終わった後に全候補者に触れている。たとえばテレビであれば、

「今回の都知事選には、ご覧の18人も立候補しています」

と申し訳程度に名前と年齢をまとめて表示し、数秒間だけ映す。それは一枠15秒のCMよりも遥かに短い。しかも、「主要3候補以外の18人」を一挙に並べる。全員のことを報じてますよという証拠を残すことだけが目的の「アリバイ作り」としか思えないような扱い方だ。

そのため彼らの主張が有権者に届くことはほとんどない。つまり、せっかく21もの多

様な選択肢があるのに、メディアがあらかじめ伝える情報を絞っていることで、有権者には「3つの選択肢」しか提示されていない。

私が街角で「主要候補以外の候補者」の街頭演説を取材していると、タスキをかけた候補者に向かって有権者がこんな言葉を発する場面に何度も出くわした。

「あなたも選挙に立候補しているの？　3人しか立候補していないんじゃないの？」

候補者はそのたびに、

「私も立候補しているんです。よろしくお願いします」

とにこやかに説明していた。しかし、彼・彼女らの胸中は穏やかではなかっただろう。

各メディアが「主要3候補」しか取り上げないのは、残念ながら自由だ。しかし、全21候補の選挙戦を取材した私は何度でも強調したい。この不幸な状況はもったいない。

こうした状況を受け、この選挙期間中の7月27日、マック赤坂、山口敏夫、上杉隆、七海ひろこ、中川暢三、立花孝志の6氏は民放キー局4社に対し、3候補だけを優先して報道することをやめ、他の候補も平等に報じることを要求する内容証明郵便を送付した。また、BPO（放送倫理・番組向上機構）にも異議申し立てを行なった。

このうち立花は、「フジテレビの情報番組『バイキング』が小池・鳥越・増田の3名だけ選挙運動に関する放送をした」として抗議した。そして放送法第13条にある請求権を行使し、フジテレビに同等の条件での放送を要求する文書を内容証明郵便で発送した。

放送法第13条は次のとおりだ。

「放送事業者が、公選による公職の候補者の政見放送その他選挙運動に関する放送をした場合において、その選挙における他の候補者の請求があつたときは、料金を徴収するとしないとにかかわらず、同等の条件で放送をしなければならない」

しかし、この立花の要求が選挙期間中に認められることはなかった。
そのため立花は都知事選終了後の2016年8月3日、フジテレビに対して損害賠償300万円を求める民事訴訟を東京地裁に提起した。
訴訟は2017年6月27日に原告敗訴の判決が出たが、立花は東京高裁へ控訴する方針を表明した。

一方で、BPOでは2016年9月から「選挙報道についての議論」が開始され、2017年2月7日には「2016年の選挙をめぐるテレビ放送についての意見」という放送倫理検証委員会の決定が公表された。その要点は次のようなものだ。

・多数の立候補者の中から有力とみられる候補や、注目されるべき政策を掲げた候補など一部の立候補者を重点的に取り上げる番組を編集し放送することは、放送倫理として求められる政治的公平性を欠くことにはならない

・放送局の自律的規範であるＮＨＫの「放送ガイドライン」の選挙に関する規定、または民放連の「放送基準」の規定にも触れず、放送倫理違反はないと判断した

ＢＰＯは都知事選における各局の報道を「少なくとも文字によって氏名を紹介し立候補の事実を伝える配慮をしていた」と評価した。

私は「報道と評論の自由」を尊重する。各番組に時間的な制約があることも理解する。しかし、ＢＰＯは公表した文書で「放送局の創意工夫によって、量においても質においても豊かな選挙に関する報道と評論がなされる」ことを期待している旨も、記している。もしそうであるならば、２０１６年の都知事選の選挙報道を是としたＢＰＯの判断は、繰り返しになるが極めて「もったいない」と思う。

もう一つ、重要な視点を提供したい。

２０１６年の都知事選では、選挙管理委員会に立候補届出書類を取りに来た人は64人もいた。そこから実際に立候補したのは21人。つまり3分の2以上が出馬を断念したことになる。その意味では、今回立候補までこぎつけた21人の候補者は、それぞれが出馬までの高いハードルを飛び越えてきた「選ばれし者」だといえる。

地方の選挙では、候補者が一人しかいないために無投票で当選が決まることもある。何度も当選回数を重ねている首長の中には、一度も選挙を戦わずに多選を重ねた人もいる。つまり、有権者に選択肢が与えられていない自治体も日本にはある。

そうした状況を考えれば、21もの選択肢があった東京は、極めて幸せな都市だといえる。

この都知事選の結果はすでに出た。結果は小池百合子の圧勝だ。しかし、選挙が終わった今でも、この選挙に誰が立候補していたかを知らない人がいるのも事実だ。

私は「都知事選には誰が出ていたっけ？」と人から尋ねられるたびに、こう言ってきた。

「今回の都知事選には21人が立候補していました。この多様な選択肢の中から選ばれたのが小池百合子さんです。決して3人の中から選ばれたのではありません。18人の報じられなかった候補もそれぞれ得票しています。彼・彼女たちを忘れないでください」

どの候補も必死に考えた政策を訴え、選挙を戦っていた。落選した候補の政策や主張が、実際に採用された例もある。キラリと光る原石に触れることは、有権者にとって有益なはずだ。私は今、「すべての立候補者を見捨てないでくれ」と祈るような気持ちでいる。

そして、彼・彼女ら18人の活動を記録できるのは、おそらく私しかいないだろう。その自負が私に本書を書かせている。

政策論争なき選挙

一般に、無頼系独立候補たちは世間から「勝ち目もないのに立候補している人」と思われている。有権者からは「バカじゃないか」とも言われる。しかし、無頼系独立候補の多くは、自分の当選可能性が低いことは十分に認識しており、自らを「泡沫候補」と呼ぶ人もいる。

「おれだってバカじゃない。当選しないことぐらい知っている」

私は候補者自身がそう言うのを何度も聞いてきた。

それでも彼・彼女らは立候補する。なぜか？

「当選」は究極の目標だが、その前に「実現したい政策」があるからだ。

こうしたことを踏まえると、選挙期間中に全候補者が自由闊達《かったつ》な政策論争を行なう場が一つぐらいはあってもいい。そこで「有権者（都知事選であれば都民）にとって有益だ」と思われる政策があれば、候補者同士がお互いにどんどん取り入れていってもいいのではないだろうか。そうすれば多様な21人が立候補したことが、より大きな価値を持つ。報じられないためにあまり知られることはないが、実は無頼系独立候補が訴えていた政策を「主要候補」が当選後に取り入れることもある（2014年の東京都知事選で内藤久遠が主張した「歩行者道路と自転車道路の整備」を、当選した舛添知事が後日取り入れたように。第二章で記述）。

ここで「政策をパクる」ということについて考えてみたい。

ごくたまに、候補者同士で「政策をパクった」「パクられた」ということが論争になる。だが、すべての候補者は「有権者のために立候補している」はずだ。自慢の政策が他候補の手によってでも実現されるのであれば、立候補した意味はあるはずだ。

つまり、立候補はゴールではなく、より良き社会を作るためのスタートだ。自身の政策を世に訴え、そこから政策のブラッシュアップが始まる。「この政策はここが足りない」「この政策はこうすれば実現できる」。そんな議論を巻き起こし、世の中のために提供する。私がすべての候補者を「公共心にあふれた義勇の志士」と呼ぶのは、ここにも理由がある。

いい政策は選挙中にどんどんパクっていい。パクりという言葉の印象が悪ければ、「知の共有」「政策のシェア」と言えばいい。

政策においては「後出しジャンケンが有利」という考えも見受けられる。これはある候補者が先に政策を発表した後、それを別の候補者が秘《ひそ》かに微修正するなどして発表。

まるで自分だけの力で優れた政策を発案したかのように振る舞い、自分の力量を大きく見せようとすることを指す。しかし、こうした狭量な考えも捨ててほしい。

各候補者は公の討論会などの機会を十分に利用し、有権者へのより良き政策と情報提供に努めるのが、成熟した民主主義のあり方ではないだろうか。

それはさておき、残念なことに2016年の都知事選でも、候補者同士の「政策論争」は活発には行なわれなかった。全候補どころか、「主要3候補」が揃った政策論争の機会も限られていた。

また、これは特に強調しておきたいが、「主要候補」の一人とされた鳥越俊太郎が、政策論争の場を欠席したことは残念でならない。

私はいわゆる「主要候補以外の候補者たち」にも政策論争の場を提供しようと心がけている。この取り組みを長年続けてきてわかるのは、「無頼系独立候補」の彼・彼女らは、常に政策論争に前向きであるということだ。堂々と表に出て、有権者の審判を受ける覚悟がある。

私が無頼系独立候補たちを尊敬する理由は、「逃げない」という一点だけでも十分だ。彼・彼女らは、有権者による投票結果を受け入れる覚悟をもって自分の思いを提案してくる。それは選挙に行かずに政治に不平不満を言う者よりも、遥かに尊い心の持ちようだと私は思う。

こうしたことを考えても、政策論争の場を避けるような者には期待できない。たとえ当選したとしても、有権者の声に耳を傾け、多様な立場にいる有権者と真摯に向き合うとは思えない。

自身が支持する政党が推す候補だからと、疑いもなく一票を投じる有権者も、候補者を甘やかしている。むしろ、政策で勝負している候補を応援するほうが、より良い社会を手に入れる近道ではないだろうか。

誰の前にでも立ち、堂々と政治に対する思いを語る。他者からの批判に対して逆ギレなどすることなく、より良い解決方法を模索する。その覚悟がなければ、とてもではないが政治家の重責には耐えられないだろう。

そうした政策を掲げ、有権者から多くの支持を得た候補者は当選者となる。そして絶大な権力を握る。となれば、耳が痛い批判を無視したり、批判をさせない仕組みを作ったりすることも不可能ではない。極端な話をすれば、沖縄の辺野古《へのこ》で座り込みを続ける人たちを強制的に排除する命令を下す力を持てるということだ。立候補者は、ただの人間でしかない自分が当選することでそうした権力を持つことになるわけだが、いつ何時《なんどき》でもそうした事態を想像し、畏れ、権力を持つということへの謙虚さを持ち続けてほしい。

一方で有権者からすると、選挙という制度は、これを通じて当選者にそうした力を持たせるということだ。民意を軽んじる権力者の暴走を未然に防ぐためにも、選挙戦で政治家の資質を十分に注意深く見極める必要がある。

私が「全候補者での真剣勝負」や「全候補者での公開討論会」にこだわる理由はそこだ。世の中には多種多様な立場の人が存在する。それぞれの主張や利害関係が対立した時に立候補者がどう対処するのかを、そうした場を通して有権者があらかじめ見ておいて損はないだろう。

また、記者の仕事の一つは、言うまでもなく「権力の監視」である。記者の視点から見ると、メディアが選挙結果が出る前から「主要候補」と「それ以外の候補」に分けるということは、「主要候補」に下駄《げた》を履かせることだと思っている。そうした姿勢が「権力の監視」の務めにふさわしいのかどうか。

権力を持つ可能性のある者に必要なのは、「ハンデ」をもらっての当選ではない。弱い立場にある者への配慮や、「ガチンコ勝負」での勝利ではないだろうか。

小池百合子は最初に手を挙げていない

私にとっての２０１６年都知事選は6月15日から始まった。これは舛添要一都知事が都議会議長に辞職願を提出した日だ。そして6月20日には「最初の出馬表明者」が現れた。

今回の都知事選で当選した小池百合子は、選挙期間中、何度も「最初に手を挙げた」と主張した。メディアも小池の主張をそのまま受け入れ、垂れ流した。

しかし、私は断言する。最初に手を挙げたのは小池ではない。それどころか2番目ですらない。小池が手を挙げたのは「3番目」だ。小池の出馬表明は6月29日だったが、その前にすでに二人が都庁記者クラブで立候補表明記者会見をしていた。

1番に出馬表明をしたのは、6月20日に出馬表明をしたマック赤坂だった。マックは、2011年、2012年、2014年、2016年と、4回連続で都知事選に出馬している。

マック赤坂といえば、第一章でも触れたようにコスプレ姿での政見放送や奇抜な街頭演説が有名だ。しかし、今回はスーツ姿で記者会見に臨み、これまでとはまた違う戦略で選挙を戦うことを宣言していた。

「今回はコスプレはしない。真面目に戦う。NHKさんに好かれるような選挙運動をする」

そして報道陣のカメラに向かってこう言った。

「50億円の経費を使わず、なおかつ新しい都知事を選ぶ方法があります！　それは、いの一番に出馬表明した私よりも後に出馬しようとする人の立候補を、有権者が阻止することです。そうすれば無投票当選でマック知事が誕生します！　どうかご協力をお願いします！」

マックの希望が実現することはなかった。それでも今回、過去4回の都知事選挙で自己最多の得票数となる5万1056票を獲得した。

ちなみに都知事選挙における報道で大手メディアから「主要候補」として扱われるためには、「10万票」が一つの目安になるといわれている。数々の選挙に立候補してきたドクター・中松が、新聞によっては「主な候補」に入れられるのも、かつて10万票を獲得したことがあるからだ（それでも「明確な基準はない」と大手メディアの記者たちは言っている）。

その意味でいえば、マックの戦いはまだ道半ばだといえる。

無頼系独立候補の星・中川暢三

小池百合子よりも先に手を挙げたもう一人は中川暢三だ。中川は小池より5日早い6月24日に、東京都庁の記者クラブで都知事選への出馬表明記者会見を行なった。

演説中の中川暢三候補

中川の2016年東京都知事選に触れる前に、そもそも中川がどんな人物かを紹介したい。中川はマック赤坂が選挙に出る前から、「選挙の鉄人」と呼ぶにふさわしい活動をしてきた。

1955年生まれの中川は、松下政経塾の第1期生だった。2年で退塾したが、政経塾同期には野田佳彦《のだよしひこ》元首相や逢沢一郎《あいさわいちろう》（自民党衆議院議員）がいる。そんな中川の初選挙は2001年の第19回参議院議員選挙で、定数4の東京選挙区から立候補した。

当時、中川は鹿島建設本社開発部の次長だった。在職中、13年かけて恵比寿ガーデンプレイスの開発を手がけてきたという。民間の感覚を持つ人材が政治の世界に入ることは大切だ。しかし、日本ではサラリーマンが在職中に立候補するケースは少ない。立候補するとしても、退職して退路を断ってからが一般的だ。それでも中川は会社の了解を得た上で有給休暇を取得し、在職中に立候補した。

最初の選挙では13万円の選挙費用で1万4286票を獲得したが、立候補者15人中13位（得票率0・3％）で落選。供託金300万円は没収されてしまった。選挙後には鹿島建設に復職し、以前と変わらず仕事を続けた。

私が中川に初めて会ったのは、中川の初選挙の翌年の2002年。田中康夫《たなかやすお》知事失職の後に行なわれた長野県知事選挙でのことだ。中川の生まれは兵庫県加西《かさい》市だが、大学は信州大学経済学部に進んだ。つまり長野県には縁がある。中川はこの選挙の際にも会社の有給休暇を使って立候補していた。

中川は当初から「お金をかけない政策本位での選挙」を訴えていた。その典型例が「街宣車を一切使わない選挙運動」だった。

長野県に住んだことがある人ならわかるだろう。長野県は大学生が車を持つことが珍しくないほどの車社会である。そんな長野県にあって、中川は公共交通機関だけを使い、自らの足で歩いて選挙運動を展開した。街宣車がないために派手な報道はされなかったが、中川は選挙期間中、選挙区内を激しく歩き回っていた。

「今日は1日、松本にいます」

選挙期間中のある日、私は中川の選挙運動を取材しようと思って携帯電話に連絡した。電話口の向こうからは、穏やかな男性の声がした。選挙期間中は候補者の携帯電話に選挙スタッフが出ることも珍しくない。しかし、声の主を確認すると中川本人だった。

松本市内に着いた私が再度連絡を取ると、

「今は深志《ふかし》2丁目の交差点にいます」

と交差点名をピンポイントで知らせてきた。

「でも、もうすぐ移動します。次は渚《なぎさ》1丁目交差点に行きます」

私が車で指定された渚1丁目交差点に向かうと、そこにはすでに中川が立っていた。

この時中川が展開していたのが「人間交差点作戦」だ。

選挙運動といえば「街宣車がうるさい」などとよくいわれる。しかし、中川は街宣車も出さず、スピーカーから音も出さず、自分が交差点に立って車のほうに歩み寄って肉声で声をかけていた。

中川は交差点の一角に立つと、信号が変わるたびに体の向きを変え、走ってくる車に正対した。そしてにこやかに手を振った。

私が舌を巻いたのは中川の動体視力だ。中川は走ってこちらに向かってくる車のナンバープレートを瞬時に見分けると、ナンバープレートに合わせて手の振り方を変えていた。

「県外ナンバーの車の人は選挙権がないので、軽く手を上げて会釈。長野県内ナンバーの車には深々と頭を下げて挨拶をします」

そう解説しながら車に手を振る中川は、乗っている人や車種によっても手の振り方を変えていた。

「家族連れには柔らかく。お仕事中のトラックの運転手さんには、威勢よくビシッとね」

たしかに車の側の反応もいい。中川とすれ違うトラックの運転手たちは中川を見つけると「プップー」と応援のクラクションを鳴らし、すれ違いざまに「がんばれよ！」と声をかけていた。

中川は、自分が街宣車に乗っていれば困る渋滞も、人間交差点作戦には好都合だと言う。

「停まっていれば、自分から駆け寄って声をかけられますからね」

そう解説しながらも中川は、車、そしてまた次の車へと駆け寄って声をかけていく。

「中川暢三です。政策は選挙公報で見てください」

渋滞で車のスピードが出ていないから安全だと中川は言うが、挨拶に熱心になるあまり、いつの間にか車道に飛び出していることもあった。

道路を走っている運転手も、まさかタスキを掛けた候補者を轢《ひ》くわけにはいかない。中川の姿を認識するとスピードを落とし、助手席の窓を開けて声をかけたり手を振ったりしていた。長野県の人たちは立候補者に対して優しかった。

とにかく中川は選挙中にたくさん歩いた。一つの交差点だけでもあちこち動き回る。あまりにもたくさん歩くので思わず聞いた。

「選挙中は1日に何歩ぐらい歩くんですか？」

「歩けるだけ歩きます」

中川はそう答えたが、私が知りたいのは具体的に何歩ぐらい歩くかだ。

「万歩計はお持ちではないんですか？」

この問いかけに中川は即答した。

「万歩計は持っていませんが、チンポ計はつけてます」

この時の長野県知事選挙で、私は当時『週刊プレイボーイ』で政治をテーマにした連載をしていた大川興業の大川豊氏と一緒に取材をしていた。大川氏は常にすべての候補者に対して深い愛情と広い心で接していた。私は大川氏と一緒に回らせてもらった数多くの取材現場で、インディーズ候補たちの魅力を教えてもらった。今の私の基本的な取材姿勢を形作ったのは、大川氏だと言っても過言ではない。

私たちは中川が1日に何歩歩くかを知りたいと思った。すぐに万歩計を手に入れると、中川に預けて選挙終了後に歩数を聞く約束をした。

選挙活動が終了した後に中川に聞くと、中川は淡々と答えた。

「28万歩。メーターを2周しました。選挙費用は28万円弱でしたから、1歩1円の選挙運動でしたね」

この知事選で、中川は長野県の借金返済方法を独自に提案していた。それは県が作った箱モノをいったん投資家に売り、そのお金で一気に借金を返すアイデアだ。売った施設は毎月賃料を払って、今まで通りに使う。借金を返せば利払いのために毎年1400億円も起債しなくて済むと訴えたのだ。

この知事選でも中川は落選した。しかし、中川は一度や二度の落選で諦める男ではない。その後も選挙に挑戦し続けた。

長野県知事選の後には、2003年の大阪市長選に立候補した。しかし、この時も落選。それでも諦めない中川は2005年に自身の出身地である兵庫県加西市の市長選挙に立候補した。

加西市の人口は約5万人で、この時の対抗馬は現職の市長だった柏原正之《かしわらまさゆき》。厳しい戦いが予想されたが、地元の友人の応援もあり、中川は見事初当選を果たした。中川の当選は、選挙に出ても落選を続ける無頼系独立候補たちに希望を与えるものだった。

中川は加西市長に就任すると、「子供にツケをまわさない！」をモットーに財政再建を掲げ、徹底した行財政改革を推進した。その主なものは次の通りだ。

- 助役、教育長、監査役を全国から公募
- 3つの企業誘致に成功
- 市長自ら税金滞納者の家を回って徴収
- ゴミ収集、清掃業務、水道の検針業務、料金徴収を民間委託
- バイオマスタウン構想への取り組み
- 市長の給与を3割カット

市長自らが税金滞納者の家を回って徴収する。これは本当なのか。

私は中川が市長在職時に東京に出張し、加西市に帰る深夜高速バスの出発までの待ち時間に大川氏と一緒に面会して中川に聞いた。

「本当です。市長が行くと払ってくれます」

中川の答えはシンプルだった。

しかし、中川の政治家としての人生は平坦《へいたん》とはならなかった。

2007年3月、中川は市職員の採用を巡って加西市議会や市職員労働組合と対立した。市長である中川が職員採用にあたり「人物重視」としたことが、独断専行と批判されたのだ。中川は市職員の最終決定権はあくまでも市長にあると主張したが、加西市議会は不信任決議案を可決。中川は辞職せずに市議会を解散した。

それを受けて同年4月22日に行なわれた市議会選挙の結果は、中川にとって有利なものとはならなかった。選挙後の市議会は不信任決議に賛成した議員など、反市長派が議席の大半を占めたのだ。

それでも中川はただでは転ばない。2度目の不信任決議案が提出される臨時市議会を「より多くの市民に傍聴してもらいたい」という理由から、異例の日曜日開催として市民の参加を呼びかけた。全国の先駆的な自治体でも、議会を日曜日や夜に開催したり、出前議会を開いたりする取り組みは行なわれている。議会が開かれている平日の昼間は仕事の人が多く、傍聴が難しいからだ。

この時、中川が臨時市議会の会場に選んだのは市民会館の大ホールだった。劇場型どころか本当の劇場政治だ。この臨時市議会は市民の高い関心を集め、800人が傍聴した。

この場では「中川市長は財政健全化などよくやってきた」と中川を擁護する市議もいた。しかし、結局は不信任決議案が賛成16、反対2で可決された。中川は地方自治法の規定により失職。2007年6月17日に再選を目指した出直し市長選挙が行なわれることになった。

直近の市議選結果を考えると苦戦が予想されたが、中川は見事再選を果たした。

注目すべきはこの時の投票率だ。前回、中川が当選した市長選時の投票率59・93％を大きく上回る72・55％を記録したのだ。投票率の低下が叫ばれて久しい日本の選挙で、ここまで大幅に投票率をアップさせたケースは珍しい。

中川は出直し市長選の時も「お金をかけない政策本位の選挙を戦った」と胸を張った。選挙事務所が設置されたのは、市役所の駐車場。中川はそこにテントを張って事務所にしていた。

後日、中川の選挙戦をローカルテレビ局が報じた映像を見て、私はさらに驚いた。その選挙事務所には、なぜか白いヤギがいたのだ。

なぜヤギがいるのか、という私の質問に中川はこう答えた。

「私のヤギではありません。選挙中に借りたメリーさんです。選挙中は市役所の駐車場に一緒に暮らし、散歩をしたりしていました」

借りてきた猫ではなく、借りてきたヤギ。それにしても、どうしてヤギなのか。

「(職員採用問題について) 私は潔白です。そのために白いヤギのメリーさんといるのです」

ヤギであることが重要なのではない。白であることが重要だった。この選挙で中川がかけていたタスキには、「無印良人」という文字が書かれていた。このタスキは「首長は完全無所属であるべきだ」と考える中川の政治信条とユーモアが組み合わさったものだった。

当時の中川は市議会の反市長派議員団から職員不正採用疑惑を糾弾され刑事告発されていたが、後に検察当局により「違法性なし」の判断がなされて不起訴が確定。一連の混乱は終結した。……かに思われたが、その後も中川の波乱万丈な人生は続く。

２０１１年5月、中川は任期満了によって行なわれた市長選に出馬して３選を目指したが、約５６００票差で敗れて落選した。

「6年間の歩みは何も間違ってはいない」

落選が確定した２０１１年5月22日の夜、中川は支持者たちを前にそう胸を張った。

しかし、その一方で、

「改革を放棄したのは市民」

と悔しさもにじませた。

この2期6年の間に、中川は加西市の議会改革も進めた。議会の運営ルールを明文化する議会基本条例を定め、市議会の各委員会もインターネットで中継した。２０１０年末に早稲田大学マニフェスト研究所が発表した議会改革度調査では、加西市議会は全国約１８００議会の中で6位にまで急浮上した。

市長が社長を務める第三セクターの鉄道会社・北条《ほうじょう》鉄道株式会社の社長時代には、全国初の「ボランティア駅長」制度も発案した。

それでも選挙に落ちてしまうのだから、本当に選挙とは不思議なものだ。

２０１２年になると、中川は大阪市の橋下徹市長が実施した大阪市24区長の公募に応じて合格。２０１２年8月からは大阪市北区長を務めた。

しかし、中川は橋下市長の辞職に伴う出直し市長選が近づいた２０１４年2月28日付で自ら辞表を提出し、任期途中で北区長を辞職してしまう。そのニュースに驚いた私が電話で理由を尋ねると、中川は出直し市長選への立候補も視野に入れていることを認めた。

「いつでも出られる準備はしています。ただ、支援者とよく相談してからです。なるべく早く決めます」

辞表提出直後はそう語っていた中川だが、支援者と相談した結果、この時の出直し市長選挙には立候補しなかった。北区に事務所を構え、じっくりと活動の地固めをすることを選んだ。

中川が次の選挙に出たのは2015年4月の大阪市議会議員選挙だった。この時はかつて公募区長を務めた北区の選挙区から無所属で立候補。万全の準備で臨んだかと思われたが、結果は候補者6人中最下位の1405票で落選。選挙は、やはりやらなければわからない。

続く2015年11月、橋下徹の任期満了と引退に伴う大阪市長選挙にも、中川はまたしても無所属で立候補した。

この時の候補者は、橋下徹が後継指名した大阪維新の会の吉村洋文《よしむらひろふみ》、自民党が推す柳本顕《やなぎもとあきら》、無所属の高尾英尚《たかおひでひさ》と中川の4人。中川は得票率3・3%、3万5019票と3番目の得票で落選した。ちなみにトップ当選した吉村の得票数は59万6045票だった。

公約は「投票したら1万円クーポン支給」

落選もしたが当選経験もある。人口約5万人の市の首長を2期にわたって務めた実績もある。選挙で訴える政策も具体的で、オリジナリティに満ちたアイデアにあふれている。しかし、落選する時は落選する。中川の政治キャリアはアップダウンが激しい。

ここで、話は２０１６年の都知事選にたどりつく。私は中川が出馬表明記者会見をする日の朝、中川の携帯電話に久しぶりに連絡を入れた。電話をかけたきっかけは、知り合いの記者からの問い合わせだった。

「中川暢三さんという人が都知事選に立候補するかもしれないという情報があるんです。畠山さん、中川さんってご存じですか？」

もちろん知っている。14年前の長野県知事選の時から知っていると伝えると、その記者は続けた。

「連絡を取りたいと思うんですが、私は連絡先を知らなくて。畠山さんなら何かご存じじゃないかと思ったんです」

私が急いで中川の携帯に電話をかけると、すでに大阪から東京に向けて移動中だった。

「今、新幹線で東京に向かっているところです」

電話の音声がプツプツと途切れる。私が「上京は出馬表明のためですか」と聞くと、中川は「そうです」と答え、２時間後に開かれる記者会見の予定を私に告げた。

私はすぐに前述の記者に「中川さん、出馬します」と手短に伝え、急いで都庁に向かった。私が中川と会うのは、２０１５年11月に行なわれた大阪市長選の時以来だった。

会見場で自身の主張を理路整然と話す中川は、これまでと同様に背筋が伸びていた。中川の友人によると、中川は「高貴な家柄」の出だという。たしかに立ち居振る舞いは雅《みやび》な香りがする。

雅といえば、話は逸《そ》れるが、長野県知事選の際に中川の本籍地を知った時は驚いた。「東京都千代田区千代田1－1」となっていたからだ。この住所が表すのは皇居だけである。

「中川さんの本籍地は皇居と同じですよね？　ひょっとして皇族と関係があるのでしょうか？　本籍地が皇居なのはなぜですか？」

「それは私が日本人だからです」

中川の答えは私の疑問にストレートに答えるものではなかった。

本籍地は本人が自由に変えられる。そのため民族派の人などの中にも皇居を本籍地にしている人はいる。中川は「日本人だから」という以上の理由を詳しくは語らなかった。

さておき、これまで数々の選挙に立候補してきた中川だが、やはり出馬表明となると緊張するのだろう。この日の中川の声は少し上ずって震えているように聞こえた。

会見に際して中川が配付した資料には、細かい字で独自のアイデアがびっしりと書き込まれていた。読むだけでも時間がかかる。中川は資料に沿って自らの政策を丁寧に解説していった。

「行政を効率化し、一人2万円など大幅減税します。生産性を2％上げるだけで一人2万円の減税ができる。私はＩＣＴ（情報通信技術）の活用で、行政の生産性を3割向上できると思っています」

大幅減税や行政の効率化は、選挙時に候補者がよくいう公約の一つだ。しかし、他の候補と中川が違うのは、加西市長時代に行政の効率化を実現してきた実績があることだ。

中川は加西市長を務めた6年間で、市税収入の11年分にまで膨れていた借金を33％減らしている。また、同じ税負担のまま水道料金も下げている。一方、ゴミの有料化を進めることにより、ゴミの量を3割減らした。そのことによって回収コスト、焼却コストも減らした。しかし、その功績はあまりメディアで報じられていない。

２０１６年の都知事選では、当選した小池百合子も含め、「知事報酬半額」または「知事報酬ゼロ」を訴える候補が複数いた。中川も「半額」を訴える一人だった。

また、中川は昨今の低投票率を嘆き、「投票したら1万円クーポン支給」という政策も掲げた。

世界には投票が義務付けられている国がいくつもある。オーストラリアやイタリア、ペルーなどだ。たとえば、義務投票制度のオーストラリアの投票率は毎回90％を超えている。投票に行かないと罰金を取られるが、投票所に行くとソーセージを挟んだパンが食べられるようになっている。人々が民主主義から離れないように工夫をしていくのも政治の役割だという考えのもと、選挙制度が作られている。

このほか、中川は次のような政策も掲げた。

- 一定得票以上の落選者を臨時職員で3年間雇用できる仕組み
- 議員の世代交代を促す在職定年制度（通算15年以内）
- 住民投票条例（常設）と議会基本条例の制定、通年・夜間休日議会

地方自治の先行事例を導入しようという意欲が見られる。実際に、夜間休日議会を導入している自治体もある。中川自身も前述のように臨時議会を日曜日に行なった経験もある。決していい加減な政策ではない。

そしてよく見ると、こんな政策も掲げていた。

- 税金使わず江戸城天守を復元

歴史と観光のシンボルとなる江戸城天守閣を、税金を使わずに公民連携の手法で復元

するという。これはいかにもアイデアマンの中川らしい政策だった。

中川は出馬表明会見で「TOKYO　FIRST　美しく品格ある『プラチナ首都』の創造」を訴えた。これは小池百合子が知事就任後も繰り返す「都民ファースト」にも通じるフレーズだ。


ちなみに、この時の都知事選で落選した増田寛也は落選から約1ヵ月後の2016年9月1日、東京都杉並区に非常勤顧問として採用された。田中良・杉並区長は都知事選で増田を応援していたが、非常勤顧問のポスト新設は事前に区議会で議決されることなく、条例ではなく規則の変更という議決不要の方法で行なわれたという。増田の報酬は月35万円。採用直後の1ヵ月の出勤は、わずか2日だった（『スギナミジャーナル』2016年10月24日配信記事より）。

選挙で堂々と政策を世に問うた中川は落選した。しかし、これに先立つ区長選挙で「非常勤顧問のポスト新設」を政策に掲げなかった田中区長が増田を採用しても、その座を追われない。

選挙をきっかけに、こうした「権力の不思議さ」を考えるのも、記者や有権者の仕事ではないだろうか。

「主要候補」のトンデモな認識

２０１６年の都知事選に立候補した候補者たちの政策は、「主要３候補」のものだけが傑出しているわけではない。選挙公報を読む限りにおいては、「主要３候補」が掲げた文言の多くは、「こういう東京にしたい」という目標・スローガンの域を出ていなかった。つまり、「どうやって実現するか」という政策のレベルまで落とし込まれたものは少なかった。

私は全21候補の選挙公報だけでなく、政策ビラや街頭演説も見たが、「主要３候補」には知名度で遥かに及ばない「それ以外の候補者たち」のほうが、より具体的な政策を掲げている印象を持った。そんな中で、某テレビ局の開票特番で公表されたアンケート結果では、候補者への投票理由として一番に挙げられたのが「政策」だった。

有権者が一番の投票理由に「政策」を挙げるのであれば、なぜここまで具体的な政策を掲げる中川が1万６５８４票しか取れないのだろう。そして、ふんわりとしたスローガンにしか見えない「主要３候補」の得票だけが伸びたのだろう。本当に有権者は「主要３候補」以外の政策も見ていたのだろうか。私は不思議で仕方がない。

そもそも小池百合子は、6月29日に衆議院議員会館で行なった都知事選出馬表明の記者会見で、こんなトンデモ発言をしていた。

「次の都知事選が東京オリンピック・パラリンピックの期間にかかる問題が浮上したのはみなさんもご存じのことだと思いますけれども、そこで提案をしたいのは、次の都知事選は、今回の都知事選の結果知事となって、そしてその任期を約3年半とすることによって、混乱を避けるという方法もございます」

これは少しでも選挙を知っている人間からすれば、

「小池は2期目に当選するつもりがない。もしくは本人は立候補しない」

ということを意味する。

解説しよう。仮に小池が任期途中の3年半で辞任した場合、50日以内に知事を決める選挙を行なわなければならない。その選挙で小池以外の立候補者が当選すれば新知事の任期はそこから4年になる。しかし、現職の知事が任期を残して辞任し、次の選挙で再選された場合、任期はもともとの任期と変わらないのだ。

これは公職選挙法第259条の2に規定がある。

「地方公共団体の長の職の退職を申し出た者が当該退職の申立てがあつたことにより告示された地方公共団体の長の選挙において当選人となつたときは、その者の任期については、当該退職の申立て及び当該退職の申立てがあつたことにより告示された選挙がなかつたものとみなして前条の規定を適用する」

つまりオリンピック・パラリンピックと都知事選が重なることを避けるには、当選した小池が任期途中の3年半までに知事を辞任し、なおかつ次の選挙には「当選しないこと」が必要になってくる。しかし、この指摘は小池が当選した後もほとんどなされていない。

もう一つの小池の珍発言が、正式に出馬を表明した7月6日の会見で3つ挙げた公約の一番の目玉、「冒頭解散」だ。これも地方自治を知っている人間からすれば、「何を言っている」という公約だ。

そもそも知事は国政における首相のような議会の解散権は持っていない。これは地方自治法第178条の1、3に規定がある。知事が議会を解散するためには、まずは議会側が知事に対して不信任案を突きつけ、可決されなければならない。知事はその時になって初めて、辞職するか、解散するかを決断することになる。つまり、いくら公約に掲げても、自分一人では実現不可能なのだ。

こちらの発言については小池も「不信任が出ないといけないというのは承知している」と言っていた。しかし、有権者の中には「冒頭解散とは勇ましい。もっとやれ」と小池に好印象を持った人もいるかもしれない。これは羊頭狗肉《ようとうくにく》の印象操作ではないだろうか。

政策という観点でいえば、上杉隆も「主要3候補」と比べて見劣りはしていなかった。むしろ、「主要3候補」よりも具体的な政策を提示した候補の一人だったといえる。

たとえば今回の都知事選では、待機児童の問題が大きくクローズアップされた。「待機児童解消」を掲げた候補は「主要3候補」以外にもいたが、具体的な成功事例である「練馬こども園方式」を取り入れると表明していたのは上杉だけだった。これは有権者にとって、非常にわかりやすい例示だった。

また、首都直下型地震対策についても上杉は「死者ゼロ」を掲げており、その対策として防災グッズを全660万世帯に配布することも提案した。ちなみに「首都直下型地震死者ゼロ」は、同じくこの都知事選に立候補した武井直子（後述）も主張していた。

上杉の政策が他の主要候補と一味違ったのは、これらの政策実現の裏付けとなる財源にも言及していたことだ。たとえば東京オリンピックについては、

「開催までの地方法人税の再配分の凍結により、1兆2800億円が確保できる」

と訴えた。地方法人税の再配分は、増田寛也が総務大臣時代に決めた特例だった。そのため、これは増田への攻撃材料にもなった。

一方、今回の都知事選で、最も多くの候補者が関心を持ったテーマの一つが米軍横田基地の問題だ。

候補者によって横田基地の返還から軍民共用化までと幅はあったが、選挙戦中、横田基地の問題に言及した候補は、少なくとも5人いた。谷山雄二朗、後藤輝樹、小池百合子、上杉隆、関口安弘（これまで「ひめじけんじ」名で立候補していた人物の本名）だ。このことは特筆すべきトピックだが、実際に当選した小池が横田基地の問題で何かを動かしたという話はまだ聞こえてこない。

小池都知事は、有権者の多くが「政策で選んだ」という都知事選で誕生した。もし本当にそうであるならば、小池には選挙で有権者に訴えた政策を実現するための努力がまだまだ必要だろう。

金融業者をはしごして供託金300万円を用意

選挙は麻薬のようなものだ。落選が続いても、何度も何度も挑戦を続ける候補者もいる。

2016年が都知事選3度目の挑戦となったのが、関口安弘だ。関口は、過去2回の

演説中の関口安弘候補

都知事選を政治ネームの「ひめじけんじ」で戦った。しかし今回は本人が「もういい歳《とし》だし、最初で最後の本名での立候補をする」と語っていた。そのため、これまでの選挙でかぶり続けていた「かつら」は使わなかった。これまでの選挙では、選挙運動をする時にはかつらをかぶり、移動中や休憩中にはそれを外していた。

実は関口は都知事選に先立つ7月10日執行（6月22日公示）の参議院議員選挙（東京選挙区）にも立候補していた。まさかの、一夏に立候補2連戦。

参院選も都知事選も供託金はそれぞれ300万円だ。どうやって工面したのか。関口が言う。

「もう大変でしたよ！　参院選は若い時に買った別荘を買値の10分の1ぐらいで売って、なんとかなったんですけどねえ」

関口が別荘を持っていたとは驚きだった。

「若い時は海にも行かず、山にも行かず、365日働いていたからね。でも、今回の都知事選の時はお金がほとんどなかった。でも、どうしても出たくて、告示日（14日）直前の12日夜から13日にかけてサラ金でお金を借りまくったんです。1日2日じゃ信用情報のデータが他社に出回らないだろうと思って、複数社を一気に回ったんですよ、うん。

ところが、なかなか貸してくれない。アイフルは50万円貸してくれたけど、プロミスは30万円しか貸してくれなかった。あと、ローカルなサラ金業者にも行ったけど、いろいろと難癖をつけられて20万円しか貸してくれなかった。

『これじゃあ全然足りないよ！』ってイライラしていたところを救ってくれたのがレイク。なんと100万円も貸してくれた！　そこからアコムも少し貸してくれて、もうほとんどのサラ金に行ったんじゃないかなぁ、という段になっても、まだ20万円足りなかった。そこで告示前日の夜、遠〜い、遠〜い親戚に話したら、最後の20万円を貸してくれた。それでぎりぎり間に合った。レイクがなければ今の私はありません」

関口がそこまでして訴えたかったのは、どんな政策なのか。

「土のある生活への回帰です。だから第一声は、高尾山口でやりました」

関口は「23区中心部への一極集中を変える」と訴え続けていた。そのため、最終日の最後の演説も「多摩動物公園」で行なった。自身の政策を選挙運動でも実践したわけだ。

結果は1326票で21人中21位だった。

ポスター格差はデジタル掲示板で解消

今回の都知事選が2度目の挑戦となる候補は二人いた。谷山雄二朗と内藤久遠だ。谷山は2011年、内藤は2014年に初めて都知事選に立候補した。結果はいずれも落選だ。

２０１１年の都知事選の際、谷山はフェイスブック上で出馬宣言をした。当時はインターネット選挙が解禁されていなかったため、非常に珍しかった。ところが２０１２年、２０１４年の都知事選に谷山は立候補しなかった。私はもう谷山は選挙と縁を切ったのかもしれないと考えていた。

しかし、自分自身を「海外育ちのサムライ」と呼ぶ谷山は違った。私が都知事選告示日の数日前から選管前で張り込みをしていたところ、谷山が立候補届出書類の事前審査のためにやってきたのだ。

私が「谷山さん、5年ぶりですね」と声をかけると、谷山は私のことを覚えていた。そして握手を求めながら熱く語りかけてきた。

「前回はインターネット選挙が解禁されていなかったけれど、今回はインターネット選挙ができる。もう、今回は勝ったね！　畠山さん！　オレたちの世代が変えていこう！」

この一言からもわかるように、谷山は熱い男だ。街頭演説も、

「トキィオゥ〜〜！　ジャパァ〜〜ン！」

という流暢《りゅうちょう》な英語から入る。ラジオＤＪのような力強い演説で、たたみかけるように訴える。谷山は毎日精力的に街頭演説を行なった。そして、その模様を自らフェイス

演説中の谷山雄二朗候補

ブックライブでインターネット中継した。実は街頭演説の回数は、「主要3候補」の一角とされた鳥越俊太郎よりも多かった。しかし、谷山の動向は選挙中、ほとんど報道されることがなかった。

そんな谷山が掲げた大きな政策は「横田基地の返還」。石原慎太郎元都知事が主張し続けても実現しなかった政策だ。

「今、羽田空港の1時間80フライトを90フライトに増便する計画があります！　これを阻んでいるのが横田基地なんです。横田基地の空域は、新潟、長野、山梨も含む1都8県に及んでいます。だから飛行機で東京から大阪に行く際にも、一度、太平洋側に大きく迂回《うかい》しなければならないんです！　この横田基地のせいで、ＪＡＬもＡＮＡも自由に航路を決められない！　おかしいでしょう！　私は必ずや横田基地を返還させ、国際空港にします！　慎太郎ができなかった政策は、ゆうじろうが引き継ぎます！」

谷山は「18歳の副都知事（公募制）」も提唱した。選挙権年齢は２０１６年の参院選から18歳に引き下げられたが、被選挙権は従来のままだ。谷山はそこにも一石を投じたいと考えたのだろう。

また、他候補が選挙事務所を構える中、谷山は事務所を構えずに選挙戦に臨んでいた。谷山との連絡はメールか携帯電話だ。

「僕のポスターは知り合いのお肉屋さんの店頭に置いてもらっています。ポスター貼りをしてくれるという人には、お肉屋さんに行ってもらい、そこから貼れる分だけポスターを持っていってもらっています」

東京都内の掲示板はこの時、全部で1万4163ヵ所あった。そのすべてにポスターを貼れる候補者は、組織力を持つほんの一握りしかいない。組織を持たない新人候補がすべてに貼るのは、現実的に不可能だ。こうしたことも政界への新規参入を妨げている一因だ。事実、無頼系独立候補たちはみな、ポスター貼りに苦労していた。

今、選挙のたびに出現するポスター掲示板は、選挙が終われば撤去される。部材は一部リサイクルされるものの、毎回、組み立て・解体のコストがかかる。また、掲示板は選挙公示・告示日にはすべて設置されていなければならないため、業者への発注は公示・告示数週間前になされる。その段階では正確な立候補者数がわからない状態での発注になるため、実際の候補者数よりも枠の数が多めに取られている。その分、部材も多く必要で、そのコストは当然ながら税金だ。

「事前審査などの機会でできるだけ候補者の人数を把握しようと努めます。そこから長年の経験をもとに、掲示板の枠の数にズレが生じないように発注するのが選挙管理委員会の腕の見せ所なんです」（ある選管職員）

しかし、選管の読みが外れて発注時よりも候補者が増えそうになると、追加の枠を注文することもある。そのコストも税金だ。これだけ技術が発達している中、選挙の世界にはまだまだアナログな無駄が残っている。

たとえばこんなアイデアはどうだろう。選挙の公平性を担保するために、選挙管理委員会が都内全域に常設の「デジタル掲示板」を設置する。立候補届出とともに候補者がポスターのデジタルデータを届ければ、一瞬にして都内全域に掲示できるようになる。これが導入されれば、「ポスター格差」は一気に解消できる。きっと有権者にも有用な情報提供となるだろう。

選挙がない時は広告を表示させれば設置費用の元も取れる。災害時には災害情報の表示もできる。こうした工夫一つで社会も選挙も大きく変わると思うが、そうした公約を掲げる候補は大メディアに取り上げられない。新規参入を妨げる規制を放置することは、めぐりめぐって自分たちの首を締めかねない。そのことにそろそろ気づいてもいいのではないか。

「選挙ビギナー」にも一定の支持

今回の都知事選が初めての選挙だという候補者もいた。高橋尚吾、桜井誠、鳥越俊太郎、山中雅明、岸本雅吉、上杉隆、宮崎正弘、今尾貞夫、望月義彦だ。

桜井誠は現在では在特会（在日特権を許さない市民の会）から離れているが、十数年にわたって街頭での演説活動を続けてきた。そのため内容への賛否はともかく、「演説慣れ」していた。特に聴衆の「そうだ！」という掛け声を引き出すのがうまい。聴衆は桜井の主張に共鳴して集まった人が多く、演説終了後には桜井の著書にサインを求める人の列ができた。

桜井が選挙戦最終日に秋葉原で開いた「グランドフィナーレ」と称する街頭演説会場には、旭日旗《きょくじつき》や日章旗がはためき、独特の雰囲気が漂っていた。演説内容は在日コリアンに対して「日本から出ていけ」などと訴える排外的な内容だ。

選挙戦の前から「選挙運動の形をしたヘイトスピーチを行なうのではないか」との指摘もなされていた。しかし、桜井は「むしろ反日へイトスピーチ禁止条例を制定すべきだ」と一歩も譲らなかった。

さらには選挙戦中に自身に向けられた「殺害予告」についても言及した。私が街頭演説を終えた桜井にその件を聞くと、

「殺害予告は来てますよ！　こっちはいつでも来い、という覚悟でやっている。でも、奴《やつ》らは来ないんだ！」

と憤っていた。

桜井の演説会場に集まった聴衆は、街頭演説の動画をインターネット中継したり、撮

影した動画をネット上に配信したりした。テレビや新聞などの大手メディアがその選挙戦をほとんど伝えない中、桜井は21人中5番目となる11万4171票を獲得した。これはネット上での言論が影響力を持ちはじめたことの表れかもしれない。

また、今回の都知事選では、初めての選挙ながら、山中雅明、岸本雅吉、今尾貞夫の3候補のポスターを目にした有権者も多かったのではないだろうか。

私は選挙を長く取材してきたが、これはかなり珍しい。ほとんどの新人候補は掲示板にポスターを貼ることすらままならない。そのため「すべての候補者のポスターが揃った掲示板」に出会えることはめったにない。私は選挙のたびにツイッターなどのSNSで掲示板情報の提供を呼びかけているが、「完全な掲示板」はなかなか出現しない。

しかし、今回はそんな掲示板が奇跡的に出現した。過去最多の21人の候補者が立候補したにもかかわらず、新橋駅SL広場前の掲示板に、全候補のポスターが揃ったのだ（第三章のトビラ写真参照）。

これは「あと1枚で全候補が揃う」と気づいた有権者の機転によって実現した。SL広場前掲示板には、一時期、武井直子を除く20人のポスターが貼られていた。選挙運動の準備が遅れ気味だった武井のポスターが完成したのは選挙戦最終日の前日。その翌日の午前中に武井がSL広場前にポスターを貼った時、今度は貼られていたポスターの中に1枚だけ、風雨で剝がれてしまったものがあった。それは粘着力の弱い糊《のり》を使い、自分で貼って歩いた日本大学芸術学部教授・宮崎正弘のポスターだった。これでは完全な掲示板にはならない。

すると、SL広場前でそのことに気づいた有権者がいた。彼は急いで宮崎が演説している渋谷ハチ公前広場に駆けつけた。そして宮崎に事情を話して本人からポスターを受け取ると、またSL広場前に戻ってきてポスターを貼るというフットワークを見せた。その結果、ようやく「完全な東京都知事選挙の掲示板」が完成した。

私はこうした無償の協力者たちを「民主主義応援団」と呼んでいる。候補者だけでなく、こうしたボランティアを買って出る人たちによって民主主義は支えられている。

この「完全な掲示板」が出現したもう一つの大きな要因は、選挙中の動きが摑みにくかった山中、岸本、今尾の3候補がポスター貼りを業者に依頼していたことだった。

岸本もその選挙運動はほとんどメディアで報じられなかった。しかし、私は複数回、岸本が「健康都市・東京」を訴える街頭演説をしている様子を取材した。

ただし、岸本の演説回数は少ない。演説場所は岸本が院長を務める銀座の歯科・矯正クリニックの近辺が中心で、時間も1ヵ所につき6分程度と短かったからだ。そのため街頭演説の様子をキャッチするのが非常に難しい候補の一人だった。

２０１６年の都知事選の最中、日本で「ポケモンＧＯ」が配信されると、選挙報道よりも「ポケモンGO」の話題のほうが世間の関心を集めた。しかし、今回の都知事選では、ポケモンのキャラクターよりももっと「レア」な候補者が何人もいた。

選挙に出るのも大変だが、候補者に会うのも大変だ。それでも岸本は21人中12番目の8056票を獲得している。これはやはり業者にポスター貼りを依頼した結果だろう。この得票数は業者に一切頼まず、モノクロコピーしたポスターを自分一人で貼っていった関口安弘よりも多い。やはり、掲示板にくまなくポスターを貼れる資金力の有無も選挙では大きなポイントになる。ところが、「政治とカネ」にまつわる問題の中で、選挙ポスター掲示に膨大なお金がかかることを指摘する人は少ない。

山中雅明もポスター掲示には苦労していた。

「1万4000ヵ所、全部に貼るのは無理。最小限のコストで最大限の効果を得ようとするなら5000枚程度は必要と広告代理店に言われて、僕はそうした。1枚あたりのコストはだいたい250円程度だった」

今回、街頭演説を一度も行なわなかった今尾貞夫もこう言っていた。

「ポスターは4000枚刷って、都内8区の掲示は業者に頼んだ。でも、カネかかるんだ。高いとこだと1枚500円。それを4000枚だから、200万円だよ！」

この他、高い業者では1ヵ所1000円という話や、違う地方の選挙では7000ヵ所で400万円という話も聞いた。現職にある政治家たちは政治の無関心を嘆くポーズを見せつつも、関心を持たせるための工夫はなかなか行なわない。これでは、いつまで経っても政治は一部の既得権者のものだろう。

記者たちも取材をしていないわけではない

今尾貞夫は今回、「子育て・教育」「老後・介護」を中心に政策を訴えた。立候補を決めたきっかけは、川崎で起きた中学生の殺人事件、そして広島県府中町で中学生が自殺した事件だ。

「この事件で私は学校に失望した。とにかく、死んでいった子どもたちは『チクショー！』という悔しい気持ちで死んでいったと思うんだ。その子たちの気持ちを考えると、もう悔しくて悔しくて。自分の家族には反対されたけど、どうしてもこのことを訴えたくて立候補したんだ」

ちなみに今尾が街頭演説をしなかった理由の一つは、現職の医師であるからだ。舛添要一知事の辞任で急に選挙が決まった時には、医師としての仕事の予定をすでに入れていたのだという。そのため街頭演説に時間を割けなかったのだ。

そんな今尾だが、出馬会見時にはちょっとした騒動が起きた。会見の席上、新聞記者からこんな質問が飛んだのだ。

「今尾さんは医師ということですが、厚生労働省のデータベースにお名前がありません。なにかお医者さんであることを証明する手立てはありますか？」

この質問を受け、会見場にいた他の記者たちは一様に驚いた。しかし、一番驚いていたのは今尾本人だった。

「ええええっ！　なんでないのかな？　自分でもさっぱりわからない。たしかに東大在学時に医師国家試験のボイコットは訴えていた。その時は全国的に96％の学生がボイコットしたんだ。でも、その翌年には私も試験を受けて合格している。なぜ厚生労働省のデータベースに載っていないのかは、まったく心当たりがありません。医師免許も剝奪されていません」

今尾は出馬表明会見翌日に再び記者クラブを訪れ、国家試験の免状の原本を記者クラブの幹事社に提示した。これにより、医師であることは証明された。

しかし、話はここで終わらない。今度は「本当に東大を卒業したのでしょうか？」と記者に問われたのだ。

「いやぁ、まいったな（笑）」

今尾はそう苦笑しながらも、翌日また記者クラブを訪れた。今度は東大の卒業証書の原本を持参していた。

医師免許証を提示する
今尾貞夫候補

記者たちの名誉のためにも言っておく。彼らは取材をしていないわけではない。立候補の可能性がある人たちには必ず接触し、前述の「調査票」と呼ばれる用紙への記入も依頼している。さらに、政策についても話を聞いている。ただし、その内容が報じられるかどうかは現場の記者の判断ではなく、各社の判断による。

ちなみに「調査票」の書式は各社で微妙に異なる。そのため、初めて選挙に立候補する無頼系独立候補たちは調査票の記入にかなりの時間を取られる。

その上、候補者たちは各団体から寄せられるアンケートにも答えなければならない。多くの無頼系独立候補たちが選挙戦前半に街頭演説をすぐに始められないのは、組織があればスタッフが記入するような書類の処理に候補者自身が追われてしまうからだ。しかも、無頼系独立候補の場合、苦労して記入した情報がメディアで詳細に報じられることはほとんどない。この調査票やアンケートの山を見て「事実上の選挙運動妨害だよ（笑）」と皮肉を言う候補者もいた。

ちなみに今尾は今回の選挙で21人中19番目となる３１０５票を獲得した。このうちの何票かには、ポスターが貢献していると考えられる。

進化する幸福実現党の選挙戦術

２０１６年の都知事選は、その前年の流行語大賞になぞらえれば「トリプルスリー選挙」であった。

1　メディアが取り上げるのは「主要３候補」である。
（鳥越俊太郎、増田寛也、小池百合子）
2　30代の候補者が３人いる。
（高橋尚吾、後藤輝樹、七海ひろこ）
3　同じマンションから３人が立候補している。
（増田寛也、マック赤坂、七海ひろこ）

このうち、７月10日執行の参院選に続いての出馬となった七海ひろこは、２と３に該当する候補者だった。宗教法人・幸福の科学を母体とする幸福実現党の公認候補であるため、選挙は組織型だ。街頭演説では「ななみー！」と声が飛ぶ。明らかに動員をかけられた人たちの声だ。しかし、その声につられて足を止める人もいるから無駄ではない。応援に来ていた人たちをよく見ると、スタッフと封筒のやりとりをしている人もいた。東京都内からだけでなく、群馬から軽自動車に乗り合わせてやってくる支援者もいた。

選挙戦ではとにかく腰を低く、「くの字」に曲げて有権者に駆け寄って握手をしていた。

ミニスカートや浴衣姿で街宣車のハシゴを登る。その姿に、集まったおじさんたちがドキドキしながら注目する。

「東京は一番じゃなきゃ、嫌なのであります！」

まるでアイドルのような身振り手振りを交えた演説をする。そうかと思えば、突然野太い声で、「とぉころがどっこい！」という名物フレーズを使って聴衆の注意を引く。

私は幸福実現党が政治活動を始めた２００９年から選挙戦を見ているが、だんだんと選挙戦術が洗練されていくのがわかる。

七海は演説を終えるとスカート姿で街宣車のハシゴを降り、再び有権者のもとに腰を低くして近づく。そして一言二言言葉を交わし、「投票します」と言った人には老若男女誰にでもハグをする。このハグを目当てに七海の演説会場を何度も訪れる男性リピーターもいたほどだ。

また、七海の聴衆への目配り、動体視力は一流のベテランウグイス嬢を彷彿《ほうふつ》とさせた。

演説中の七海ひろこ候補

ベテランのウグイス嬢はとても目がいい。たとえば私が2014年の福島県知事選挙で見た、内堀雅雄《うちぼりまさお》の街宣車に乗っていたウグイス嬢はすごかった。彼女は街中を猛スピードで走る車の中からでも周囲を見渡し、人影を見つけるとすかさず声をかけていた。

「白衣のお父さん、お店の中からありがとうございます！」

「2階の窓からご夫婦揃って手を振っていただきありがとうございます！」

「畑でお仕事中のお父さーん！　腰を伸ばしていただきありがとうございまーす！」

最初は誰もいないのにデタラメを言っているのかと思った。しかし、よくよく目を凝らして探すと、白衣のお父さんも、2階の夫婦も、畑のお父さんも、本当にいるのだ。

山あいの田園を走っている時などは、有権者との距離は200メートル以上あった。それでもウグイス嬢は一人も漏らさず人影を見つけては声をかけていた。現在は福島県知事になっている内堀も、候補者として街宣車に乗っていた時はウグイス嬢に負けじと、

「手ぬぐいを振ってくれているお母さん！　見えてます！　ありがとうございます！　温かいご声援でお力をいただきました！」

と叫んでいた。

七海の聴衆への目配りは、それに匹敵する。七海は通り過ぎる人波の中に見覚えのある人を見つけると、演説中でも声をかけた。

「明治神宮前でお会いした若いお二人！」

ウソだろうと思いつつ、以前明治神宮前で撮影した映像を確認すると、本当に同じ二人が映っていた。

幸福実現党は結党当初、幸福の科学の大川隆法《おおかわりゅうほう》総裁が街宣車の上に立ち、徳島弁で政治漫談のような演説をして笑いを取っていた。ところがどっこい、今では若い候補者を立て、握手&ハグ。どんどん有権者の心を摑もうと戦略を練っている。

しかし、選挙での得票は21人中7位の2万8809票にとどまった。「ハグ」だけしてもらい投票しなかった人もいたのではないだろうか。

「270万円足りない」候補の急転直下

高橋尚吾も30代候補者の一人だ。高橋は7月上旬、出馬の意思を尋ねる私の電話にこう答えた。

「出たいです」

供託金は準備できているのだろうか。

「出たいんですけど、準備中です……」

力なく答える高橋に私は言った。

「出馬表明記者会見はしますか？」

「会見……。できたら開きたいんですけど、どうしたらいいんでしょうか」

私はあくまでも一般論として話をした。

「都知事の出馬表明記者会見は、たいてい都庁記者クラブでやります。私は記者クラブの人間ではないので仕切れませんが、他の人はクラブ幹事社に連絡していますね。ただ、本当に出馬するかどうか、私よりも厳しく聞かれると思います」

高橋は「記者クラブに連絡してみます」と言って電話を切った。

その数日後の7月7日、高橋が都庁記者クラブで出馬表明記者会見を開くという。資金のメドが立ったのか。私は都庁に向かった。

しかし、高橋の状況はあまり変わっていなかった。私がこの記者会見で「供託金300万円の準備状況」を質問したところ、高橋は「んー」と下を向いてしばらく考えてから、ようやく顔を上げて答えた。

「あと270万円足りません……」

つまり30万円しか準備できていない。高橋は会場の沈黙にじっと耐えていた。足りない分はどうするのか。

「『やみん』さんというアーティストの方のTシャツを売って、そのお金を供託金にしたい。それとクラウドファンディングで集めたい」

秋葉原の街で有権者に
話しかける高橋尚吾候補

しかし、現実問題として、告示まで1週間しかない中、クラウドファンディングを始めて270万円集めることは難しい。既存のクラウドファンディングサービスを使うにしても、事務手続きなどでプロジェクト開始までに数週間はかかる。クラウドファンディングサービスの会社を作ったプロの家入一真でさえ、2014年の都知事選では告示日までの資金調達に成功していない。

これではとても立候補はできないだろう。私はそう思っていたが、出馬表明記者会見をしたことで事態は急展開した。

インターネットでも中継された会見の後、「若い人の立候補を応援したい」という篤志家から支援の申し出があったのだ。高橋自身も「遠〜い、遠〜い親戚」に電話をしたところ、お金を借りることができた。その結果、告示2日前になんとか供託金300万円を集め、高橋は立候補にこぎつけた。

そんな高橋のポスターに書かれた文言は、

「都政に、こころを。」

ポスターに載る高橋の写真は胸の前で指を1本立てて前方を指さしたものだ。評判を本人に聞いたところ、

「『大学受験の合格発表で自分の番号を探して、なかった人みたいな写真』と言われました。『あ、ない』って呆然《ぼうぜん》としている、みたいな」

高橋は初めての立候補で、とにかく、ないないづくしの選挙だ。街宣車もない。最初はマイクもスピーカーもない。そして幸か不幸か、「選挙戦の常識」も持ち合わせていなかった。このことが、結果としていい方向に作用した。

２０１６年東京都知事選の告示日である7月14日正午の都庁前。なんと高橋尚吾は第一声のマイクを、同じ選挙の立候補者である「ＮＨＫから国民を守る党」の立花孝志から借りて行なったのだ。立花は高卒でＮＨＫに入り、約20年間勤めた後、ＮＨＫの不正経理の実態を『週刊文春』に内部告発。ＮＨＫ退職後も受信料不払い運動を広げる戦いをしてきた。

立花は大きな音の出る街宣車を持っている。数日前に私が企画した「公開討論会2・0」で立花と同席していた高橋は、私が第一声の場所と時間を尋ねると、ハッとした表情で答えた。

「……僕、マイクもスピーカーも持ってないです……」

私も高橋もそれきり絶句した。すると、そのやりとりを聞いていた立花が高橋に言った。

「だったら、僕のマイクと街宣車使ったら？」

「え～！　いいんですかぁ～！　ありがとうございます！」

これがきっかけで、まさかの「ヤドカリ選挙」、合同第一声が実現した。

「立花さんは本当に度量の大きな方だと感謝しています。今日だけでなく、街宣車でいろいろ連れて行っていただけると助かるんですが……」

高橋は意外と欲張りだった。

高橋は普段、ゆっくりと、やわらかく、穏やかな声で話す。しかし、その言葉にはどこか重苦しさもある。率直に言って、少し影がある印象だ。生い立ちを聞くと、その理由が少し理解できる気がした。

「生まれてすぐに親元を離れて祖父母のもとで育ちました。ところが4、5歳の頃、突然、実の両親のもとに戻されました。そこには僕の知らない子どもがいました」

高橋によると、両親はその子どもとばかり話をして高橋には話しかけてくれなかったという。

「そんな関係性のまま音楽の短大を卒業した後、『家を出ていけ』と言われました。それ以来、親とはずっと絶縁状態にあります。できるだけ連絡を取らないようにしています」

高橋の試練は家を出た後も続いた。

「介護施設への就職が決まっていたのですが、入社前に腎臓結石で倒れてしまい、働けませんでした。そこからは祖父母に育てられた福島に戻って、派遣の仕事や中古ＣＤ販売店で働きました。その後、一人で千葉に引っ越して障害者福祉施設の立ち上げに関わりました。でも、上司とうまくいかずに1年経たずに辞めました」

　仕事が安定しない中、生活は大丈夫だったのだろうか。

「派遣で荷物運びやクレジットカードの勧誘、ケータイの販売業務をスポットでやって、なんとか食いつないでいました。とにかく、落ち着ける場所がなかった。僕の人生は灰色一色です。誰もいない焼け野原を、廃墟《はいきょ》の街を、ひたすら歩いてきた印象です……」

　そろそろ明るい話題も聞かせてほしい。

「でも、都知事選に出ようと決めたら、東京の街がハッキリと見えるようになったんです。生まれてくるはずの子どもたちも、見えるようになった。しっかりと現実と向き合えている、そう感じたのは人生で初めてです。導かれている感じがありますね」

　私は立花孝志と高橋尚吾の「合同第一声」を、ニコニコ生放送のインターネット中継で見ていた。なぜなら私は『週刊プレイボーイ』の都知事選特別取材班の一人として、告示日は丸々1日、選挙管理委員会に張り付き、全候補の立候補届出を見届ける必要があったからだ。選管がこの日の私の担当場所である。告示日に届出会場で会わなければ、その後二度と会えない候補が出る可能性があった。

　選管前でイヤホンをして「合同第一声」を待っていると、マイクの準備ができたようだ。私はその中継を見ながら、その場でパソコンを使って演説文を文字起こしした。

最初にマイクを握ったのは立花孝志だった。

「元船橋市議会議員、立花孝志でございます。私の公約はただ一つでございます。それは『NHKをぶっ壊す！』でございます（ニコリと笑う）」

大音量で発せられた公約が都庁前に鳴り響く。立花は乗りに乗った様子で演説を続けた。

「痴漢、万引き、放火、殺人、覚醒剤使用。アナウンサー同士が公然わいせつ罪になるカーセックスをしたのも、今月の初め。女子アナが愛人バンクに登録していたことも判明しました。NHKの犯罪は、公開されているだけでも12年間で87件です。このような犯罪を繰り返すNHKにお金を払う必要性はない。正々堂々と受信料を払わなくてもいいように、法律の改正、そして都知事になれば、NHKの戸別訪問を禁止する東京都の条例を打ち立ててまいります」

続いて、高橋が立花からマイクを受け取った。

「東京都荒川区在住、32歳、高橋尚吾です」

極度の緊張からか、序盤は説明不足な部分が多く、声も小さい。しかし、演説が少子化問題に触れたあたりで、突然、何かにとりつかれたかのように、太く、大きな声になった。

「少子化対策が一切、行なわれていない現状！　もし、これまでの公約が守られていれば、今頃、私たちの周りには何倍もの子どもがいたはず！　おかしいんですっ！」

演説中の立花孝志候補

具体的な解決策が提示されたとはいえないが、強い問題意識を感じさせた。その演説の直後、高橋は『週刊プレイボーイ』の取材班メンバーである興山英雄記者の取材にこう答えた。

「これはオカルトでもなんでもないんですが、僕の目には見えるんです。生まれていたはずの子どもたちの姿が！　特に夕暮れ時に！」

興山記者は立花にもコメントを求めた。NHKで収録した政見放送はどうだったか、と。立花は嬉しそうに答えたという。

「『NHKをぶっ壊す』は9回、『カーセックス』は2回言いました！」

候補者たちはそれぞれの問題意識で選挙を戦っている。

「自分は眠れる子羊だけど、やってみっかな～」

今回、街宣車を借りる「ヤドカリ選挙」をしていた候補は高橋の他にもいた。それは、同じく候補者である山口敏夫元労働大臣の街宣車を何度も借りて街頭演説を行なった山中雅明だ。

山中は告示2日前の7月12日、選挙運動の予定を聞いた私にこう答えた。

「まだわかんない」

山中は出馬表明記者会見直後で緊張していた。うっすらと色がついたメガネのレンズの奥で、その目は鋭く血走っていた。体は小柄だが、短髪で眉毛は凛々《りり》しく剃り上げられている。最初に告げられた「政治団体代表」という肩書から受ける第一印象は「コワモテ」そのものだった。その山中と名刺交換をすると、山中の名刺にはこんな文字が書かれていた。

「株式会社　観光都市・大東京　代表取締役社長　山中雅明」

その文字を読んだ瞬間、私がそれまで山中に抱いていたイメージは一気に崩れた。山中は名刺を渡しながら、「これ（肩書）はジョークだかんね（笑）」と出身地である茨城なまりのイントネーションで照れ笑いしたのだ。本業は税理士だという。少し緊張がほぐれた私は、山中に再度選挙運動の予定を聞いた。

「まだわかんない」

山中はやはりそう答えると別の記者とも名刺交換をし、

「この肩書はジョークだかんね」

とまた言った。私は山中の隣に立ち、テキパキと記者対応をこなすヨシモト（仮名）と名乗る男性に声をかけた。

「山中さんは今回、選挙運動やらないんですか？」

ヨシモトは、あっさりこう答えた。

「うーん、やらないと思うよ。ポスターと新聞広告ぐらいじゃないかな」

「やらない？　ヨシモトさんは山中さんの選挙スタッフですか？」

「うーん、まあ、そんなところだね。お手伝いというか」

「じゃあ、今後の予定はヨシモトさんに聞けばわかりますか？」

「そうね。やる時は連絡しますよ」

私はヨシモトの携帯電話番号を聞くと、その日のうちに連絡した。しかし、告示日当日の予定を前もって聞いても、ヨシモトは「わからない。告示日まで本人と会う機会がない」という。

私は告示日当日、立候補届出に来た山中を捕まえて直接聞こうとした。すると山中は立候補届出会場でタブレット型情報端末を取り出し、届出の様子をバックに自撮りを繰り返した。他の候補者に声をかけ、ツーショットでピースサインをしている写真も自撮りしている。スタッフにタブレットを渡し、選管の前でポーズを取る姿を撮らせてもいた。写真を撮るために記者エリアのほうにやってきた山中に私は聞いた。

「山中さん、第一声はやらないんですか」

「うーん、考え中。少なくとも今日はやらないね」

では、いつやるのか。

お気に入りのポロシャツを着て
演説中の山中雅明候補(右)

「考え中。また連絡してみてよ」

選挙戦最初の日曜日となった7月17日。私は桜井誠の街頭演説を練馬駅前で見た後、山中の選挙を手伝っているヨシモトに電話した。すると「明日の月曜日10時から、新橋駅SL広場前で第一声をやるかもしれない」という。

私はそこで山中を待った。すると、時間通りに山中を乗せた日産のミニバン、セレナが目の前で停まった。セレナにスピーカーはついておらず、普通の自家用車だった。車から降りた山中はタブレットを取り出すと、SL広場前の掲示板の前に立って自撮りを始めた。その場には、私が連絡を取り続けたヨシモトの姿はなかった。

私は山中に聞いた。なぜ、告示からこんなに遅れて第一声をやる気になったんですか、と。

「自分は眠れる子羊だけど、やってみっかな〜、って。訴えたいのは、民間人登用制度や海上交通の充実、観光都市・大東京宣言などの政策。この政策は立候補を決めて1ヵ月でまとめたの。私は税理士として現場を知っている。実務型ってこういうことでしょ？」

山中をはじめとする陣営のメンバーは、車を降りると道端でいきなりシャツを脱ぎはじめた。山中は上半身ランニングシャツ姿、ある者は上半身裸だ。いったいこれから何が始まるのか。

「実はポロシャツ、作っちゃったんだよね～」

山中は嬉しそうにそう言いながら、車から取り出した段ボール箱を開けた。箱の中には透明のビニール袋に個別包装された白いポロシャツが入っていた。スタッフも山中も「待ちきれない」という感じでビリビリと袋を開けてそれを着た。胸の部分には、山中が代表を務める政治団体「未来（みらい）創造経営実践党」と「やまなか まさあき」というプリント。その間には「声なき声を、大きな声で叫びたい！」というキャッチコピー。しかし、どれも字が小さいために遠くからは読みにくい。全員が同じシャツを着たところで交番前に移動し、街頭演説が始まった。

「新橋駅前をご通行中のみなさま、こちらは東京都知事候補、山中雅明です。これより、新橋駅前の一角をお借りしまして、山中雅明よりご挨拶を申し上げます」

スタッフの前説《まえせつ》は、思いのほか、こなれていた。山中は私に、

「うまいべ？　彼はもう、選挙慣れしてるから」

と嬉しそうに言う。そしてスタッフからマイクを受け取ると、朴訥《ぼくとつ》な語り口で演説を始めた。この山中の「遅れてきた第一声」を撮影していたテレビカメラは、ＴＢＳの１台だけだった。

しかし、この「第一声」の後、山中は精力的に街頭演説をするようになった。東京には泊まらず、ほぼ毎日、夜は茨城に帰りながら。

山中は選挙が終わると、知事となった小池百合子が立ち上げた政治塾「希望の塾」に入った。

「おれも政治を志す者として、どういう行動を取ろうか迷ってるんだ。畠山さんもジャーナリストとして上を目指してるでしょ？　たぶん、それには大胆な行動を取ることだよね？」

山中は少なくともこれから10年間、政治に関わると心に決めていると私に言った。

まさかの12人合同演説会

２０１６年都知事選の中盤には前代未聞の出来事もあった。山口敏夫らが全候補者に呼びかけ、小池百合子を含む12人の候補が山口の街宣車（この時は山口のポスターなどは剝がして真っ白にした）を使い、合同演説会を行なったのだ。これは「主要3候補」以外の候補をメディアが報じないことに業を煮やした山口が、小池らに声をかけて実現したものだった。

そのきっかけを作ったのは、選挙期間中の7月17日にニコニコ生放送が企画して行なった都知事選報道企画「東京都知事選２０１６　政策・公約スピーチ」だった。全候補を順番にスタジオに呼んで同じ制限時間で政策を話させるこの企画には、私も協力していた。

当日、私がスタジオで各候補の誘導や付き添いを手伝っていると、ロビーに現れた山口が私に声をかけた。

「あなたはさ、全候補の取材をしているんだよね？　それはいいことだ。これを街頭でもやろう。あなた、全候補に連絡して」

選挙期間中は第三者が合同演説会を企画することはできない。私がそう言って固辞すると、山口はあっさり言った。

「あ、そうなの。じゃあうちの秘書にやらせるから。他の候補は来るかな？　鳥越や増田は来ないかな？　まあ声かけて来ないんならしょうがないよね。でも、全員が『啓発候補』（山口は自身を含めて無頼系独立候補のことをこう呼んだ：筆者注）っていうのも、聞いてる人はつまらないよな。百合子ぐらいは呼ばないとテレビも取材に来ないよな」

山口は秘書を呼び、「全員に声をかけて演説会やるから。詳しいことは畠山くんに聞いて」と言って続けた。

「なに？　今日は百合子もここに来るの？」

山口の問いかけにニコニコ生放送のスタッフがうなずく。

「わかった。じゃあ、百合子が来るまで待ってる」

山口はすでにスピーチを終えていたが、小池の会場入りを待った。ほどなく会場にやってきた小池は、ロビーにジャージ姿の山口がいることに気づくと「あら～！　先生～！」と手を広げて歩み寄り、山口に握手を求めた。

山口は握手しながら小池に言った。

「ちょっと話があるんだ」

その結果、実現したのが、7月25日、新宿西口での12人の「街頭立ち合い演説会」だった。

当初、小池は12人の候補者のうち6番目に演説する予定だった。しかし、小池は予定の時間を過ぎても現れない。小池目当てに集まったたくさんのメディアのカメラは、順番が繰り上がった無頼系独立候補たちの演説を撮影しながら小池の登場を待っていた。

私は選挙取材の際、いつも前日のうちに全候補の街頭演説予定を把握して一覧表にし、取材スケジュールを組み立てている。私は新宿西口での小池の演説予定時間に、小池がどこにいるかを知っていた。

実は小池は新宿での演説予定時間の直前まで、距離にして20キロほど離れた武蔵小金井にいた。選挙中の遊説予定が変更になることは珍しくないが、これでは物理的に間に合うはずがない。ほとんどダブルブッキングのようなスケジュールだったのだ。

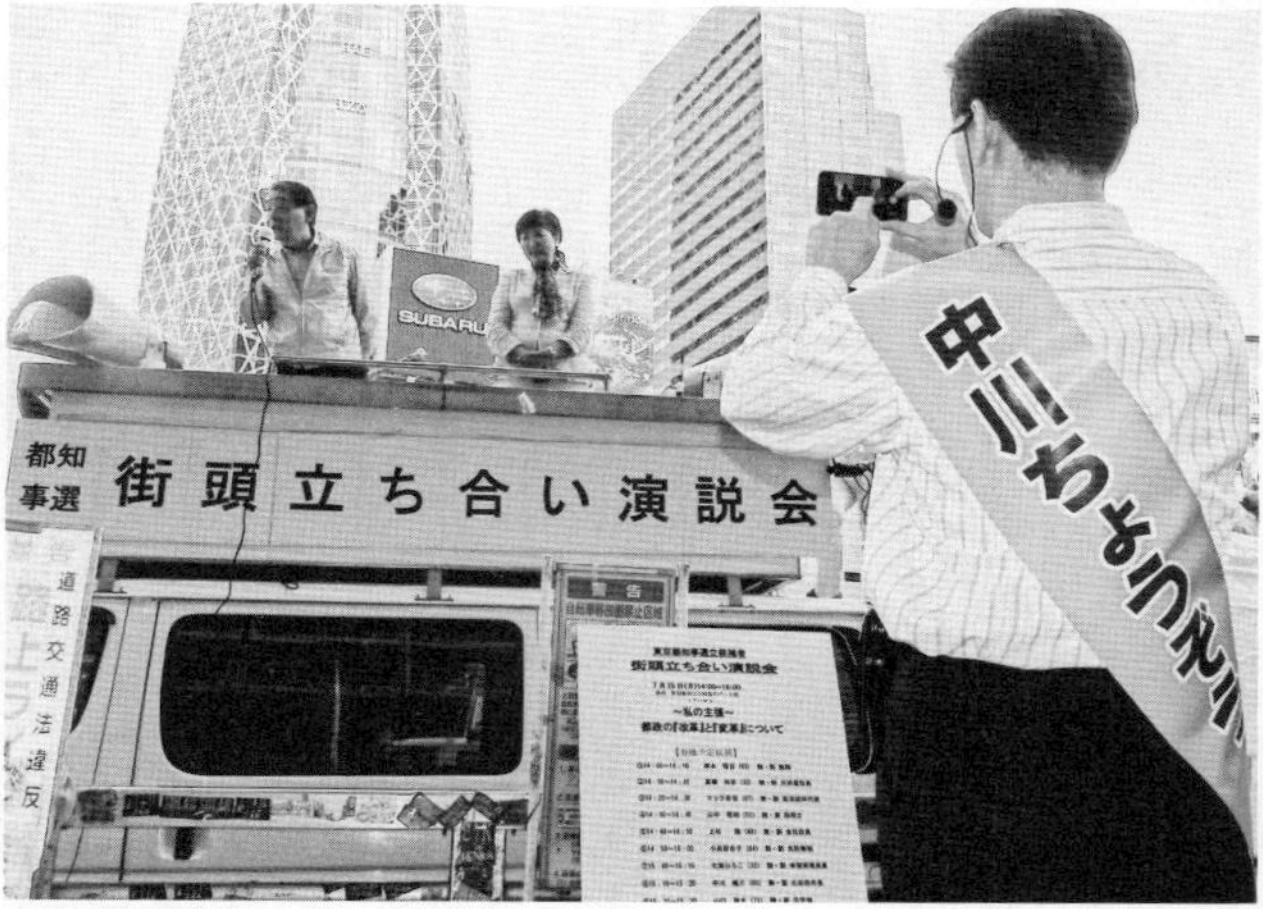

12人の候補が揃った「街頭立ち合い演説会」

結果として、小池は12人の最後、トリで演説した。最後に小池が喝采を全部持っていってしまったが、他の候補からすれば、小池が最後まで来ないことで自分たちの演説も多くの人に聞いてもらうことができた。その意味では「ウィン・ウィン」の合同演説会だった。

政界の花咲かじじい

山口敏夫は前述のように元労働大臣である。永田町での経験も長く、政治の動かし方を知っている。実際、多くの候補者を調整し、短期間で合同演説会を実現させた。

山口は「社会を啓発する意味で立候補している」と話す大臣経験者だが、なぜか選挙中はほとんど黒いジャージ姿だった。

しかし、候補者をその格好だけで判断してはいけない。山口がジャージを着る理由はちゃんとある。いわく、「世界一貧しい大統領」といわれた南米ウルグアイのホセ・ムヒカ前大統領の質素さにならって、ジャージを着ているという。

「このジャージは成長社会から成熟社会に移行する時代のシンボルユニフォームとして着ている勝負服。上下で7000円から8000円。ジャージはやっぱり軽くていいね」

ジャージの胸にあるロゴ部分は、黒いガムテープを貼って隠していた。ＮＨＫなどが取り上げやすいよう、テレビに映る時のことを意識しているようだ。メディア慣れしている。

山口は国会議員時代、「政界の牛若丸」と呼ばれていた。しかし、75歳に牛若丸は似合わない。私が「今回は『政界の花咲かじいさん』と呼んでもいいですか？」と聞くと、

「うん。今は政界の花咲かじじい。それでいいよ」

とうなずいた。そして見事に「合同演説会」という花を咲かせた。

今回の選挙期間中、山口は連日、新宿西口で街頭演説を行なったが、その訴えはというと、

「山口敏夫です！　鳥越さんが出たおかげで、最年長候補としてのアピールポイントを失してしまいました」

こうしてまず笑いを取ると、その後は都知事選前から問題提起し続けていた東京オリンピック・パラリンピックの経費問題、国立競技場の解体談合、建設費水増し、招致を巡る汚職・賄賂疑惑を語って批判。そして五輪組織委員会会長・森喜朗《もりよしろう》の責任を厳しく追及する演説を繰り返した。

山口の訴えはこの1点に絞られていた。これは「ＮＨＫをぶっ壊す」と言って立候補

した立花孝志にも通じる。ピンポイントで訴える立候補は、訴えに力がある。

山口はかつて背任などの容疑で逮捕され、2006年に懲役3年6ヵ月の実刑判決を受けている（最高裁で確定）。ポスト舛添にはクリーンな都知事を求める声が多い中、山口はどう思っていたのだろうか。

「私の関わった事件が〝政治とカネ〟の贈収賄事件なら、公職選挙法の規定で刑期満了後10年間は立候補する権利を失います。けれども私の場合は違う。若い政治家を育てるためにカンパのお手伝いをしてあげたということ。

舛添氏は政治資金を私的流用した点で悪ですが、悪の中ではただのチンピラです。問題は、チンピラの背後に巨悪・森喜朗がいること。巨悪のクビを取らない限り、国民の血税はますます無駄遣いになる。だから私は出馬せざるをえなかったんです！」

椅子に座っている時はジャージ姿の花咲かじいさんだが、ひとたび話が自分のテーマとなると、75歳という年齢をまったく感じさせない力強さで語る。選挙は人に力を与える。

選挙が人を育てる

ベテラン政治家がジャージを着ていたかと思えば、無職の新人候補がずっとネクタイをして歩いていたのが2016年の東京都知事選挙だった。政治は服装でするものではない。

前述した新人候補の高橋尚吾は、選挙期間中、ずっとワイシャツにネクタイ姿だった。高橋は第一声から立花孝志の街宣車を借りてヤドカリ選挙をしていたが、この作戦も今までにないものだった。

加えて高橋は、立花に対してだけでなく、選挙中に小池百合子が檜原村に行くと知った時には小池のツイッターにリプライを飛ばし、

「一緒に連れて行ってください」

と呼びかけたりもした。

当然ながら良い返事はもらえなかった。しかし、候補者が別の候補者に直接リプライを飛ばすというのも斬新な作戦だった。

それどころか、高橋は今回の都知事選出馬を断念した宇都宮健児氏にも応援演説を依頼している。こちらも良い返事はもらえなかったが、何事も挑戦だ。こうした挑戦、奮闘を選挙中に続けるうちに、高橋はどんどん成長していった。

選挙戦最終日を翌日に控えた金曜日の夜。高橋は取材中の私にこう言った。

「最終日の最後の時間は全候補に呼びかけ、一堂に会して合同演説会をしたい」

しかし、各候補は自分が選挙に勝つために立候補している。しかも高橋が考えている

のは選挙戦最終日。選挙運動の熱がピークを迎える時だ。山口敏夫が声をかけた合同演説会でも、実現までには数日かかっている。現実的に考えて全員を集めるのは無理だ。その上、高橋が私に話した時点では、まだ誰にも依頼していなかった。それでも最後まで呼びかけを続けた結果、数人の候補が応じたという。

この都知事選で高橋が繰り返したのは、「選挙は戦いではない」「政争主体の政治から、政治行政を私たちの手に取り戻す」という主張だ。これは政治のあり方、社会の構造そのものを問うものだ。高橋は都知事選挙よりも、もっと大きなものと戦っていた。

そのため、高橋は選挙戦中盤、自身の選挙運動よりも他候補の遊説先にアポ無しで駆けつけることを優先し、応援演説をしていた。

「障害者であっても、システムを作れば選挙が戦えるんだという実例を示したい」と言っていた宮崎正弘の街頭演説にも、高橋は応援に駆けつけた。

宮崎の選挙運動も独特だった。交通事故によって足腰に障害を抱えた宮崎は、歩く時には杖を使っていた。背中にリュックを背負い、そこから伸ばしたアームの先にｉＰａｄ（タブレット型情報端末）を装着して都内を歩いた。宮崎はその画面を使い、あるべき政治家像や政策をパワーポイントでプレゼンテーションし、その街頭演説動画を自身のホームページから発信していた。アンプやマイク、演台となる脚立や撮影用のビデオカメラや三脚は折りたたみ式のキャリーカートに載せて運ぶ。機材の量は相当なものだ。

宮崎正弘候補（左）の
演説を助ける
高橋尚吾候補

宮崎の選挙は、フランスのアイスホッケーチームから駆けつけた息子や、宮崎の友人たちによって支えられていた。また、宮崎はこのシステムを作るにあたっても、いろいろな人に応援されたことを感謝し、私にこう話していた。

「背中から出たアームにiPadを固定する台を自作しようと、自分で書いた設計図を手に、ホームセンターに板を買いに行ったんです。そうしたら、お店の人が、『選挙に出るんですか？　それならこうしたほうが安定しますよ』と言って、時間をかけて材料を切り出し、パーツを一生懸命作ってくれたんです。自分一人でやっていたら、絶対に間に合わなかった。私はホームセンターで本当に涙が出ました」

そう語る宮崎は高橋の応援演説を快く受け入れた。高橋は宮崎への応援演説を終えると、宮崎が次の演説場所に移動するまで宮崎の荷物を持って付き添った。そして宮崎が新たな場所で演説するのを静かに見守った。

高橋は、いわゆる「主要3候補」の元にも出かけた。鳥越俊太郎陣営に応援演説を申し出た時には断られ、小池百合子の応援のために用意していた「ユリコグリーン」の緑色の布で涙を拭うこともあった。他候補の陣営に出向いた時は「選挙妨害だ」と断られることもあった。それでも高橋は果敢に他候補の応援演説に出かけていった。

高橋の演説は、合間合間に、

「みんな、わかる？」

「思い出して！」

などの、ちょっと詩的で自己陶酔しているような台詞を挟む。それを「青臭い」と言う有権者もいた。しかし、アナウンサーのような渋い声をしていることもあり、若くて真面目そうな男性からの訴えは聴衆の心に届いたのだろう。最終日には、高橋のツイッターでの呼びかけに応じ、数十人が街頭演説に集まるようになった。

告示数日前はたった一人。供託金も270万円足りなかった高橋だが、選挙終盤にはウグイス嬢を買って出てくれる人も現れた。それどころか、同じ選挙に出ているマック赤坂も、選挙中から高橋のことを気にし続けていた。

選挙戦終盤、私が歌舞伎町の入口で街頭演説をしているマック赤坂を取材していると、マックは街宣車を降りてきて私にこう言った。

「おれはもうある程度知名度があるから、おれのことはそんなに一生懸命書かなくていいよ。それよりも高橋尚吾クンとか後藤輝樹クンとか、若いコたちのことをちゃんと報道してやってくれ。彼らみたいな若いコたちが頑張ってくれないと、日本はダメになる」

最終的に高橋は21人中9番目となる1万6664票を獲得した。

選挙は人を育てる。それは候補者だけでなく、有権者も含めての話だ。そのためにも、政治や選挙の情報は多ければ多いほどいい。

締切8分前の立候補

選挙戦では活動がほとんど報じられなかったものの、21人中15番目となる4605票を獲得して大健闘した候補がいる。それが元塾講師の武井直子だ。

武井のキーワードは「ギリギリ」だ。立候補届出の締切は告示日7月14日の17時までだが、武井が届出会場に現れたのは16時52分だった。しかも、選管による書類の事前審査も受けていない。もし必要書類が欠けていたり、内容に不備があったりすれば受理されない。そのため、選管職員もドキドキするギリギリのタイミングでの立候補届出となった。

実は2016年の都知事選の選挙公報には、候補者21人全員の原稿が掲載されているわけではない。武井だけは掲載がなかった。これは武井に政策がないからではなく、選挙公報の原稿締切に間に合わなかったからだ。

私は選挙中、毎日候補者本人や事務所に翌日の活動予定を問い合わせる。もちろん武井にも問い合わせた。武井はそのたびに、

「すみません、まだ街頭に出られないんですぅ〜！　選挙公報は間に合わなかったんで

すぅ～！　すみませ～ん！　今、ポスターを作っているところなんですぅ～」

と謝罪の言葉を述べていた。

武井は2014年11月に「個人企画『平和党』」を立ち上げ、ブログやツイッターなどのSNSで政策を発信してきた。大きな理念は「大宇宙楽園構想」。「地球規模の公共事業・大陸砂漠地緑化・森林都市建設―オアシス―計画」を推進し、人類軍事紛争の終結、世界法治統合、宇宙進出を目指しているという。つまり武井に政策がないわけではない。

「ものすごくたくさんあります！　数百どころか、数千ある」

と武井は言う。もし本を書くとなったら、目次だけで1冊作れそうな量だ。武井は政策が多すぎて、選挙公報の原稿締切に間に合わなかったのだ。

たとえば武井が2016年の都知事選で掲げた政策の、ほんの一端を挙げてみよう。

- 政治の首都は「福島県」へ移設、東京都は天皇主導の観光都市へ。
- 2020年東京五輪パラリンピックは首都震災後へ延期。開催権をトルコ・イスタンブールに移譲する（これは首都直下型地震が30年間のうちに70%の確率で起きるといわれていることから、地震が起きた後に復興事業としてやるべき、という主張：筆者注）。

・防災目標「被災死ゼロ」（前述の通り、上杉隆と重なる政策：筆者注）。

武井は選挙ポスターを1万5000枚作ったが、刷り上がったのは投票日を2日後に控えた7月29日金曜日。ギリギリだった。これも政策を絞るのに時間がかかり、入れる文字がなかなか決まらず、印刷会社に入稿できなかったからだ。

ただ、1万4000ヵ所以上あるポスター掲示板すべてに、立候補している武井が一人でポスターを貼るのはそもそも無理だ。困った武井がツイッターでポスター貼りのボランティアを呼びかけたところ、3人が買って出てくれたという。しかし結局、武井自身では5枚しか貼れなかった。私はそのうち2枚を貼る場面に立ち会った。

武井はいろいろなことをするのに時間がかかる候補だった。私が告示後に毎日電話をかけ、「街頭演説はするのか、しないのか」と問い合わせると、最初は「します」と言っていた。

しかし、日を追うごとに、

「できないかもしれないです……」

と弱気になっていった。

武井は千葉県大網白里市《おおあみしらさと》に住んでいる。東京都心まではバスと電車で片道2時間弱。私はひょっとしたら、もう選挙戦中に武井に会えないのではないかとさえ思った。

新橋駅前で
神奈川県民と語り合う
武井直子候補（右）

しかし、7月29日に連絡を取ると、武井は電話の向こうで声を弾ませていた。

「ようやくポスターができましたぁ！　これからポスターを貼りながら街頭演説をしますぅ〜」

立候補もギリギリなら、選挙運動のスタートもギリギリだった。

その日の夜、私は刷り上がったばかりのポスターをキャスター付きのバッグに入れて歩いている武井を都庁前で捕まえた。そこには武井に密着取材をしているフジテレビのスタッフもいた。選挙後に放送する番組のために取材をしているのだという。そして私たちは、武井が記念すべき1枚目のポスターを都庁前の掲示板に貼る姿を取材しようとした。

ところが掲示板の前で小池百合子と増田寛也のポスターを目にすると、武井はそれまでのにこやかな表情を一変させ、二人のポスターを指さしながら野太い声でこう言った。

「こいつらが日本を戦争へと進めていくんですよ！　許せない！」

武井による主要候補への批判が突然始まった。何を言っているのか聞き取れないほどの早口で言葉を紡ぐ。突然、火山が噴火したかのように武井の口から平和に対する思いがあふれ出る。

このままではポスターを貼らないまま夜が更けてしまうのではないか。

「武井さん！」

私は大声で批判を続ける武井に聞こえるように大きな声で呼びかけた。すると武井は、風船の空気が一気に抜けたように急におとなしくなった。

「はい」

「あの、武井さんのポスターはどんなものなんですか」

「あ、あ、ああ、そうですね。私のポスターはこれです」

武井は刷り上がったばかりのポスターを1枚取り出すと私たちに見せた。そして地面に置き、持参した細い両面テープをポスターの4辺に丁寧に、丁寧に貼っていった。1辺を貼るのに何分もかける。しかも周囲だけでなく、ポスターの中央部分にもさらに両面テープを丁寧に貼る。両面テープを切る時は、1本1本ハサミで丁寧に切る。これでは1日に何枚貼れるかわからない。

「みなさん、どうやって貼られているんでしょうねぇ」

今は裏面がすべてのり付き加工されているタイプのポスターもある。あらかじめ上辺と底辺に両面テープが貼り付けられた状態で納品されるポスターもある。スプレーのりをシュッと吹き付けてスピーディーに貼っていた人もいる。私がそう伝えると武井は感心したように言った。

「はぁ〜〜、最初から……。ふーん、スプレーのり……。だから早く貼れるんだぁ〜」

武井は1本1本丁寧に両面テープの剝離紙を剝がし、ポスターの位置を確認し、掲示板に押し付けた。ようやく1枚目のポスターを貼り終えた時には、作業開始から20分が経っていた。

時刻はすでに午後7時過ぎ。もう日は落ちて真っ暗になっているため、政策がびっしり印刷された武井のポスターの内容はうまく撮影できなかった。

なんとしても日のあるうちに武井の演説も含めて取材したい。そこで選挙戦最終日の7月30日土曜日の朝9時に、私たちは新橋駅SL広場で待ち合わせをした。

ところが当日の朝6時になると、昨日一緒になったフジテレビのスタッフから私宛にLINEのメッセージが届いた。彼らは今日も密着取材をするために武井の自宅前にいるという。

「武井さんが家から出てこない。このままではバスに乗り遅れる」

急いで武井の携帯電話を鳴らすが、出ない。フジのスタッフから再びLINEが来た。

「2日前はバスの発車時間ちょうどに出てきて、自宅から30メートルのバス停からバスが発車してしまいました」

武井はこの日、もともと本数が多くないバスに2本も乗り遅れてしまった。後でフジテレビのスタッフに聞くと、武井が自分の部屋から長時間出てこないため、武井の母親が家の中で拡声器を使って武井に呼びかけてくれたという。

「直子さ～ん！　直子さ～ん！」

武井の母親は車椅子で生活しているため、娘の部屋まで行けない。その声は家の外にいるスタッフにも聞こえた。しかし、「部屋でバタバタと出かける準備をしていたため、なかなか外に出られなかった」という武井には聞こえなかったのだという。

この時、武井の母親が使った拡声器は、武井が選挙用に準備していたものだ。しかし、武井は街頭演説で一度も拡声器を使う機会がなかった。武井は掲示板にポスターを貼ると、近くにいる人に話しかけ、1対1で話し込んでしまうのだ。外では使われる機会がなかった拡声器は、武井の自宅で活躍していた。

結局、武井が待ち合わせの新橋駅SL広場に到着したのは約束の時間から2時間後。最後までハラハラさせる選挙運動だったが、武井の政策ビラにはこんな言葉が綴られていた。

武井の主張：誰もがみんな愛し愛され慈しみあうために生まれてきます。なかよくたすけあって　暮らしましょう

武井の理想：「誰もがほどほどやってける社会。／みんなが納得ゆく社会。／毎日ひなたぼっこしてても赦《ゆる》される社会。」

こういう社会を否定する人はいないのではないか。

しかし、このビラも公職選挙法で定められた「証紙」を貼る作業が選挙戦最終日に間に合わなかったため、十数枚しか配れなかった。それでも誰かの目に触れたのなら、無駄ではない。

17時の時報を聞いた候補者

告示日当日。武井の立候補もギリギリだったが、さらに上をいく候補もいた。その候補は、17時ちょうどの時報を選管で聞いた。

その少し前、立候補受付会場は突然現れた武井直子によって慌ただしい雰囲気となっていた。事前に情報がない候補者が選管に現れると、選管はもちろん、取材を続ける記者たちも大いに緊張する。候補者の経歴や主張など、確認しなければならないことは山ほどある。顔写真も撮影しなければならない。それ以前に、

「そもそも、この人は誰なのか」

記者たちはそこから確認を始めなければならない。

通常であれば事前審査などの機会に把握しているが、いきなり現れた人間の情報は簡単には定まらない。しかも、入稿や放送までの締切時間はどんどん迫ってくる。

記者たちは固唾を呑んで武井の受付作業を見守った。武井が書類に名前を書くと、報道対応をする選管職員がそれを覗《のぞ》き込む。そして、素早くコピー用紙にマジックで名前を書き写し、報道陣に向けて示す。1秒でも早く「誰なのか」を知らせるためだ。

報道規制線を守って取材していた記者たちは、一斉にその紙を写真に撮り、急いで社に電話をかけた。

「武井直子、たけいなおこ。武士の武、井戸の井、素直の直、子どもの子」

記者たちが武井の対応や人物照会でてんやわんやになっている時、21番目の候補がやってきた。それが前回2014年の都知事選にも立候補していた内藤久遠だ。内藤は選管で職員や記者たちが武井の登場で大混乱している時に、大股の早歩きで会場に入ってきた。武井よりもギリギリ。誰もが、まさか武井の後にも立候補者が来るとは思っていなかった。

「あの人は誰だ！」

騒然とする会場。記者たちは携帯電話を取り出し、一斉に社に連絡を入れる。

「もう一人来ました！……いえ、さっきは女の人で、今度は男の人です！」

「事前審査にも来ていない人で、名前がわかりません！」

私はすぐに内藤だとわかった。内藤も会場に入ってくる時に私を認識し、小さく首を前に倒して会釈した。

それにしてもいきなりだ。事前審査も受けずにやってくるとは。

２０１４年の都知事選で内藤を知っていた私は他の記者ほど驚かなかったが、この時、少しばかり違和感を覚えた。内藤のそばに寄り添い、内藤と一緒に事務手続きを手伝う男性に見覚えがあったからだ。誰だろう。誰だっけ。最近見たような……。

「え？　あっ！」

男性が誰であるかを思い出した私は、声を出して驚いた。

その男性は山中雅明の出馬会見の時にもいた。山中のそばでスケジュール帳を持って立ち、報道対応をしていたヨシモトだ。

私は混乱した。ヨシモトはいったい何者なのか。なぜ同じ選挙に出る二つの陣営を手伝っているのか。ひょっとしてヨシモトがすべてのお金を出し、浮動票を分散させるためにたくさんの候補を立てているのではないか……。疑問が次々と浮かんだ。

しかし、そんな疑問は「締切時間」という現実の前では小さなことだった。武井と内藤の立候補が締切までに受理されるかどうか、時間との戦いになっていたからだ。

都庁の立候補届出会場にスピーカーから大音量で時報が刻まれる。

「午後4時59分50秒をお知らせします。……チッ、チッ、チッ、ポーン！」

椅子に座った内藤は次から次へと書類にサインをして判子を押すと、それを横にいる選管職員にどんどん投げていく。するともう一人の選管職員が内藤の目の前にまた新し

歩きながら演説中の
内藤久遠候補

い書類を差し出す。それが終わるともう1枚、もう1枚と、内藤はものすごいスピードで署名捺印を繰り返す。ヨシモトもきびきびと動き、内藤のそばで手伝いをする。会場にいる者すべてが内藤の動きに注目する。

「午後5時0分ちょうどをお知らせします。……ピッ、ピッ、ピッ、ポーン！」

そんな時報が鳴り響く中、内藤はなんとか立候補を届け出た。

その直後、私はヨシモトを探した。しかし、ヨシモトはいつの間にか会場から消えていた。

後日、私はヨシモトに電話をして聞いた。

「ヨシモトさん、いったいあなたは何者なんですか？」

「立候補のお手伝いをしているんです」

「でも、ヨシモトさんは山中さんだけでなく、内藤さんの立候補届出の時もそばにいましたよね」

「よく見てますね」

「二つの陣営の手伝いをするのはなぜですか」

「あれは同僚が内藤さんの立候補をお手伝いしていて、私もたまたまそばにいたのでそれを手伝ったんです」

ここまで聞いて私はピンときた。

「ヨシモトさんは、ひょっとして広告代理店の人ですか？」

「まあ、そんなところです」

すべてに納得がいった。ヨシモトは新聞社系の広告代理店の人間だった。そして前回の選挙の時に内藤のポスターを担当したのだろう。内藤と面識があったことで、すんなり立候補手続きを手伝えたのだ。

そのことは選挙終了後、山中が地元・茨城県古河《こが》市で開いた都知事選報告集会に行ってはっきりした。山中は広告会社からポスターのデザイン案を提示されたと言って、人物の影に文字だけが入ったポスター案をスクリーンに映して見せていた。

「この影の部分にあなたの写真が入りますよ〜、っていうデザイン案ね〜」

山中が茨城なまりで会場の参加者たちに説明する。

私はそのポスターに見覚えがあった。忘れるはずがない。前回の都知事選で内藤が使ったポスターだ。人物の影は間違いなく内藤の顔の輪郭だった。

ちなみにポスターの下部には「なかやままさあき」と大きく名前が入っていた。これはありえないサンプルで、本来は「やまなかまさあき」とするべきだろう。

政治の世界では、名前の間違いは一生を左右する。ポスターを売り込む側がこんな初歩的な間違いをしていいのだろうか。

選挙が近くなると、選挙管理委員会の前には記者たちが交代で詰める。そしてこの時期、記者とは違う職種の人たちも詰めている。それが広告代理店の営業マンだ。彼らは立候補届出書類を取りに来た人たちを見つけると、名刺を渡し、選挙ポスターや選挙公報の原稿作成を提案し、新聞広告を出してもらうために営業をする。候補者の荷物持ちを買って出る。そして初めて選挙に挑む人たちに、様々なアドバイスをする。

「ポスターは何枚刷ったほうがいい」

「政策ビラも作りましょう」

「新聞広告はウチに出してください」

「ウチはポスター印刷と貼り付けも込みで、いくらでやります」

選挙慣れしていない候補者は、荷物を持ってくれる親切な人がいきなり現れたと思って付き合う。今尾貞夫も山中雅明もそうだった。しかし、広告代理店の人はそれが仕事なのだ。

これで私がそのヨシモトに山中雅明の街頭演説予定を聞いた時、

「やらないと思うよ」

とやる気がなさそうに言った理由もなんとなくわかった。

広告代理店で仕事をする彼らにとって、街頭演説はお金にならない。ポスター制作と新聞広告を出させるところまでが大きな仕事だ。

何度も選挙に出ている候補者になると、そのことを知っている。そのため、営業マン

に声をかけられても、

「もう自分で会社決めているんで」

ときっぱり断る候補者もいる。関口安弘の場合は、選管の前で、

「それじゃあ新聞広告出すところを今からくじ引きで決めますんで、各社さん、くじを引きに来てくださーい」

といきなり声がけを始めていた。選挙の世界には本当にいろいろな人がいる。

政見放送で「収入がありません！」

ほとんど報道されることはなかったが、私は望月義彦の街頭演説を3度見た。選挙戦中盤の京王多摩センター駅前、選挙戦終盤の有楽町駅前、そして選挙戦最終日の王子駅前だ。

望月の演説は当初は朴訥な語り口だったが、選挙戦後半になると次第に抑揚がついてきた。聞く者の心を打つ、力強い演説へと変わった。望月も選挙戦で成長した候補者の一人だった。

望月の肩書は「ソフトウェア開発会社社長」だった。事前審査に現れた時も私にそう

言った。他の記者たちにも同じように説明した。

しかし、政見放送でとんでもないどんでん返しが待っていた。望月はそこで驚きのカミングアウトを行なったのだ。その政見放送の一節を引用しよう。

「最後に、私はこれまで米国と日本で、実家の資産を使って一人で会社を経営してまいりました。現在もまだ収入がございません！」

目が点になった。街頭演説でも、私が単独で取材した電車の中での会話でも、「収入がない」とは一言も言っていなかった。私は望月の政見放送を最後まで固唾を呑んで見守った。

「このような私ですが、もし当選させていただければ、東京、日本、世界のために、真剣にがんばってまいります。どうか私、望月を拾ってください！　どうか、望月を育ててください！　どうぞ、よろしくお願い申しあげます！」

私は選挙戦最終日を前に、改めて望月に聞いた。なぜ、政見放送でいきなり「収入がない」と告白したのか、と。望月は晴れ晴れとした顔で言った。

「やはり、正直なところを有権者のみなさんに知ってもらいたいと思ったからです」

そして最終日にも望月の演説を聞きに行った。しかし、選挙運動終了時間が迫る中、望月は駅前で10分程度演説をすると、すぐにまた電車に乗って次の駅へと移動してしまう。ラストスパートだ。そのため、車で追っていた私はなかなか望月を捕まえられない。

「畠山です。今、どちらですか？」

「上野です。これから電車に乗って秋葉原に行きます」

「秋葉原に着きました。今、どちらですか」

「秋葉原は終わって、次は王子です」

「わかりました！　向かいます！」

そうしてようやく追いついた王子駅。私は車道からフェンス越しに望月の演説を見た。

「どうか、望月を拾ってください！　どうか、望月を育ててください！」

人もまばらな駅前に立ち、絶叫調でそう叫ぶ望月。その姿は胸を打つものがあった。

「放送禁止用語」を連発した理由

2016年東京都知事選から遡り、2015年4月に行なわれた統一地方選挙。その際、東京の千代田区議会議員選挙に「全裸」のポスターで立候補した人物がいた。大事な部分には候補者の名前の文字がかかっていたが、掲示板の前ではたくさんの人が「珍しい」「面白い」と写真を撮っていた。

この時、私はこの候補者の自宅を訪ね、何度もインターホンを鳴らし、自分の名刺の裏に取材依頼の手紙を書いてポストに入れた。

しかし、会うことはできなかった。

それから1年3ヵ月。2016年の東京都知事選立候補届出会場に、その男はやってきた。

候補者の名前は後藤輝樹だ。

やっと会えた。そして後藤は、私が1年以上前にポストに入れた名刺のことを覚えていた。

この都知事選の立候補届出の日には、すでに後藤はNHKの政見放送収録を終えていた。そして後藤は私に、

「オレの政見放送はNHKで放送されないかもしれない」

と語った。なぜなら、後藤はその収録で放送禁止用語を連発したからだ。具体的には「ポコチン」という言葉を発していた。そして、こうも続けた。

「命がけで出ているんで、政見放送が放送されないなら、表現の自由をかけて戦う。憲法違反で裁判に訴える」

第一章でも述べたが、公職選挙法第150条では「録音し若しくは録画した政見をそのまま放送しなければならない」と定め、編集を禁じている。

そして放送はどうなったか。NHKは映像はそのままに、後藤が「ポコチン」と発言

(右)立候補届出会場にて撮影の
後藤輝樹候補
(左)2016年東京都知事選の
掲示板に貼られた
後藤輝樹候補のポスター

していた部分の音声を無音にして放送した。その結果、「無音」状態が断続的に続くという異例の政見放送となった。

公職選挙法第150条の2の規定には「公職の候補者は、その責任を自覚し、いやしくも政見放送としての品位を損なう言動をしてはならない」（要約）とある。それを踏まえて、NHKは音声を一部削除したのだ。

私は後藤の「幻の政見放送」の未編集バージョンも見たが、率直な感想を言えば、未編集バージョンはそれほど面白くない。音声を削除されたNHKのオンエアバージョンのほうが、音声をカットされたことで結果的に面白くなっていた。後藤本人は「未編集のものが一番面白い」という立場を崩していないが、「カットされたものもそれはそれで面白い」と認めていた。

後藤はインパクト「大」「中」「小」の3バージョンの政見放送を用意していた。NHKの政見放送には「大」で臨み、音声がカットされたが、ラジオの政見放送は真面目なものだった。後藤は単に目立ちたかったわけではないという。後藤の選挙公報や個人演説会での話を聞けばわかるが、後藤は「世の中をこうしたい」という希望や政策をしっかり持っていた。

実際、選挙公報に書かれた政策の数は、どの候補よりも多かった。

「江戸城天守閣を再建します」「築地市場移転を中止、見直しします」「東京五輪中止または超低コストでやります」「横田基地を返還させ、横田空域を解放し、首都圏の空の主権を回復します」「排気ガス税を導入し、（中略）排気ガスゼロを目指します」「超高層ビル群を建設します」「日本の漫画アニメ特撮等の純国産テーマパークを作ります」「無修正ポルノを合法化します」「パチンコ店を減らします」「独身税、肥満税、海外旅行税、ペット税、（中略）外国文化税などの新税を導入します」「選挙の投票を義務化し、立候補の供託金を一律10万円にします」「東京都心の最低時給を１２００円以上にします」「1度だけ歯列矯正を無料にします」……

この中のいくつかは、２０１６年都知事選に立候補した他の候補者とも重なる。これだけの政策を「思いつき」で並べるのは至難の業だ。実際、後藤は20歳の頃から政治家を目指し、政治について考えてきたという。

それなのに後藤は政見放送であえて政策を言わず、「放送禁止用語だらけの政見放送」にした。なぜなのか。

後藤は私の問いかけに姿勢を正し、まっすぐこちらを見て答えた。

「『政治に関心を持たないのはなぜなんだ！』という怒りがある。もともと自分が立候補したのは、『なんだこいつは』『なんでこんなやつが立候補しているんだ』と驚きを与えることで、みなさんに政治に関心を持ってほしいと思ったからです」

後藤はきれいな目鼻立ちをしている。目は美容整形を受けたと教えてくれた。肌もツヤがある。着るものや食べるものにも気を遣っている。世間ではいわゆる、「イケメン」の部類に入るだろう。その後藤が政見放送で少しも笑わずに、音声を消されたものの「ポコチン」と繰り返す。たしかにインパクトはある。

しかし、都知事選の供託金は300万円だ。そんな大金を失うリスクを冒してまでやるべきことなのだろうか。それともお金に余裕があるのだろうか。私がそう聞くと、後藤は「よく誤解されるんですが」と前置きして言った。

「自分はお坊ちゃんではないです。普通の家庭に育ちました。政治家を目指そうと思った時から、立候補を目指してお金を貯めてきたんです。アルバイトもしたし、株とかもやってコツコツ貯めてきた。オレは舛添さんよりもセコい自信がありますよ」

後藤が初めて選挙に出たのは、2011年4月10日執行の神奈川県議会議員選挙（横浜市南区）だ。この時は5097票の得票で落選したが、得票率は7・39%あった。この数字は供託金没収点を超えていたため、供託金60万円は戻ってきた。さらに写真撮影等を含めて業者に一括依頼した選挙ポスター代20万5800円も、公費負担を受けられた。

後藤は「供託金が返ってくるなら、ずっと選挙に出続けられるじゃん！」と喜んだ。

その後、2012年4月22日執行の目黒区長選挙（供託金没収）、2012年6月10日執行の港区長選挙（供託金没収）、2013年2月3日執行の千代田区長選挙（供託

金没収）、２０１３年６月23日執行の東京都議会議員選挙（千代田区／供託金没収）、２０１５年４月26日執行の千代田区議会議員選挙（供託金返還）、そして２０１６年７月31日執行の東京都知事選挙に出た。

後藤は今回の都知事選で、一度も街頭演説をしなかった。その理由を私にこう説明した。

「最初のほうの選挙の時、２度目の選挙かな？　外に出て真面目にビラを配っていたら、ほとんど誰も受け取ってくれなかった。自分が世間からゴミとかクズを見るような目で見られて耐えられなかった。自分は『世の中を良くしたい、暮らしを良くしたい、世の中を変えたい、日本を良くしたい』と思っていたのに、なんでシカトされているんだろう。みんなの代わりに政治家になってがんばろうと思っているのに、なんでみんな他人《ひと》事《ごと》なんだ。投票率も低くてやる気をなくす。そういう無関心に腹が立った。だから選挙公報やサイトを見れば、どんな政策や考え方を持っているかがわかるように作っている。なので、わざわざ街頭演説しなくてもいいと思っている」

後藤は街頭演説の代わりに、公共施設の会議室などを使って個人演説会を複数回開いた。告知はツイッターで行なっていたが、参加者は回を重ねるごとに増えた。後藤が掲示板に貼った全身軍服姿の選挙ポスターや、政見放送で興味を持った人たちが後藤の情報を探し、個人演説会に足を運んだのだ。

中にはポスター貼りのボランティアを申し出る人もいた。途中で用意していたポスターがなくなったため、千代田区議選時に作って残っていた「全裸ポスター」も急遽《きゅうきょ》貼ることにした。

都知事選で使われた後藤のポスターには、選挙ポスターであれば必ずあるはずの「候補者の名前」が書かれていない。このポスターの撮影に使った軍服は貸衣装で1万5000円。ポスターのデザインはパソコンを使って自分で作り、印刷はインターネットで安い会社を探した。

ポスター100枚の印刷代は2万3400円だった。

「こんなやつ（後藤本人のこと：筆者注）が出るより、おれが出てやろうと有権者に思ってほしかった」

後藤のその言葉を聞いて、私は反省した。後藤は33歳。私よりも10歳若い。そうした若い世代が6分間、誰も声を発しないスタジオで、あえて放送禁止用語だけを連発する政見放送をしなければならない。若い世代がこんな奇抜なことをしなければと思うほど、世の中は政治に無関心なのだ。もし、世の中の人たちが普通に政治に関心を持っていれば、後藤が放送禁止用語を叫び続ける必要はなかっただろう。

政策があるのに誰も振り向かない。投票理由は「政策」と言っているのに、実は誰も政策をしっかり見ていない。そんな現状に危機感と苛立ちを覚えたからこそ、無頼系独立候補たちは思い切った行動に出ているのだ。

普通にしていたら「主要3候補」しか注目されない世の中を作ってきたことを、私は社会を構成する一員として深く反省している。そして有権者には、次の選挙からは無頼系独立候補たちを最初から切り捨てることなく、彼・彼女らの主張にも耳を傾けてほしいと思う。

誰に投票するかは、自分が決める。これは誰にも侵されることのない権利だ。だからこそ、投票前に知る情報は多ければ多いほどいい。そしてできれば、立候補できない有権者に代わって多様な選択肢を提供してくれる候補者たちには一定の敬意を払ってほしい。私は心からそう願っている。

命がけで立候補するということ

私は本書で「候補者たちは命がけで立候補している」と書いてきた。比喩ではない。最後に、私が実際に見たそうした候補者について書いておきたい。

2014年2月9日執行の東京都知事選に立候補した候補者の中に、金子博がいた。選挙の告示日に選挙管理委員会で声をかけると、金子は私にこう言った。

「今までは人のため社会のためと思って商売をやってきたけれども、全部やめて考えてみると、みなさんのおかげで今日があるんだな。この都庁だって、私のために建ててあるんだもん。そのお返しの人生をやろうと思って選挙に出ました」

え？　都庁が「私のために建ててある」？　にわかには理解できない。もう都知事に決まったのか？　私が混乱していると、金子は諭すように話を続けた。

「今の自分があるのはみなさんのおかげ。残りの人生はみなさんのために使いたい。ご恩返しをしたい。東京を天国にしたい」

最後の一言は少しジャンプしすぎている気もするが、これが金子の言葉遣いなのだろう。言いたいことはなんとなく伝わった。

金子はこの日、地元である福島県白河市から上京してきた。詳しく話を聞くと、都知事選告示3日前の２０１４年1月20日までは白河市内の病院に入院していたという。私がさらに掘り下げていくと、金子は半ば強引に病院を飛び出して立候補したことを認めた。

「家族やお医者さんは怒らないんですか。何よりも、お体は大丈夫なんですか」

周りに他の記者がいないところで私が問うと、金子は言った。

「２０１３年11月に肺がんが発覚したんです。ステージ4。すでに全身に転移していたから、手術もできなくて抗がん剤治療を受けてきた。まあ、でも大丈夫でしょう。選挙が終わったら、また白河に戻って入院します」

客観的に考えると、とても大丈夫とは思えない。しかし金子の顔を見ると、つやつやとしていて血色もよく見える。ステージ4のがんだと言われても、なかなか信じられない。

「実はがんじゃないということはありませんか。とっても元気そうに見えます」

私が驚いて聞くと、金子は笑いながら言った。

「そんなに疑うんなら、あとで私のMRIの画像を見せますよ。今日はこれから街頭演説に行くから、それが終わった後、私が泊まっている上野のビジネスホテルに来てください」

私は金子が指定した時間にホテルを訪ねた。部屋にはりんごがいっぱいに入った段ボール箱が置かれていた。

「どうです、見事なもんでしょう（笑）。星が散らばったみたいにがんが転移している」

金子はMRIの画像を見せながら、明るい声でそう話した。

金子は福島県内で、建設業だけでなく、ホテルや岩盤浴の施設を経営してきた実業家だった。しかし、自身の余命が短いことを知り、世の中に恩返しをしたいと強く思ったようだ。その結果が、東京都知事選への立候補だった。

「世界の人は、自然の法則で仲良くしなければならない」

街頭に立った金子は声を嗄《か》らしながら、独特の言い回しで自分の思いを表現した。

「私は中国、韓国、北朝鮮、台湾とのパイプになりたい。北京、ソウル、平壌、台北の市長に自ら会いに行き、知事のトップ外交で友好都市にする」

がんは金子の股関節まで侵食していた。本当は、立っていることすら厳しかったはずだ。それでも金子は最終日まで街宣車の上に立ち、有権者への訴えを続けた。そんな金子に私は前述の投開票日に企画したネット番組「開票特番2・0」への参加を呼びかけた。

「都知事選の総括、都政に対する思いを今一度話してくれませんか」

金子は「うーん」と少し考えてから答えた。

「実は投開票日は白河に戻ることになってるんだ。私は都知事選の投票権がないからね。さすがに選挙戦中、家族にはわがままを言ってきたし、14日からは言うことを聞いて入院しなきゃいけない。その準備もあるから、その日は参加できないな。電話で話すくらいならなんとかなると思うけど」

金子は言葉通りに福島県白河市へ戻ると、再び療養生活に入った。

2014年都知事選挙での金子の得票数は、3398票。候補者16人中13位で供託金も没収されている。しかし、金子は選挙の結果を嬉しそうに私に話した。

「東京には身内が何人もいないのに、3398票も入った。十分ですよ。家族は私の立

雪が降る中で演説をする
金子博候補

候補の趣旨をわかっているから、『よくがんばったね』と言ってくれています。政治家は都民が幸せになることをやらないといけない。日本と中国、韓国、北朝鮮、台湾の友好という大きなことをやらないとね」

この時、私が「本当に友好都市になれる可能性はあったのでしょうか」と聞くと、金子からはこんな答えが返ってきた。

「連絡取ったんだけど、ちょうど向こうが旧正月でダメだったよ（笑）。入院していたのに選挙に出ていって病院の先生には怒られたけど、選挙中に死んだら死んだでいいんじゃないかと思っていた。私は欲得や売名行為でやっているんじゃない。東京が天国になればいいと思ってやってきたんだからね」

「金子さんが選挙中に東京で死んだら、東京は金子さんだけの天国になっちゃいます。死なないでください」

私が冗談を言うと、金子も笑い返す元気があった。金子は選挙中に会うたび、「どんどん元気になってるよ！」と声を張っていた。

選挙戦最終日、雪が降る新橋駅ＳＬ広場前で鬼気迫る演説を終えた後、金子はやり切ったという顔をして私にこう言っていた。

「たった一人であっても、私の演説を聞いて拍手をしてくれる人がいた。それだけでも意味があった。あんなに嬉しいことはない」

そして独特の言語センスで今後の抱負をこう語った。

「私は150歳以上まで生きるからね。また選挙に出たいな。選挙に出ると元気になるから」

見舞いに行ったら「ビデオつないでくれ」

2014年2月の東京都知事選後、私が金子博に会ったのは同年10月上旬のことだ。私は近く告示される福島県知事選の取材のために、東北自動車道を北上して白河市を訪れていた。

県庁所在地の福島市ではなく、途中の白河インターで高速道路を降りたのには理由があった。福島県知事選への立候補を予定している人の中に、白河市に事務所を置いている人がいたのだ。

事務所の住所を見た時、どこか見覚えがある気がした。白河市に誰か知り合いはいただろうかと思案すると、金子博の自宅が同じ白河市にあることを思い出した。

「ああ、そういえば金子さんも地元が白河だったな。せっかく来たんだから、顔だけでも見せていこう」

私はそう思って気軽に金子に電話をした。

しかし、呼び出し音が鳴りはじめたところで猛烈な後悔の念に襲われた。金子は2014年2月の段階でステージ4のがんだった。外見は元気そうに見えたが、体の中のMRI画像を見れば、素人目にも容易な状態ではないことが十二分に感じられた。しかも、入院中なのに抜け出して選挙に出た。選挙が終わったらすぐに入院。それからすでに8ヵ月もの時間が経過していた。

「ひょっとしたら、誰か別の人が電話に出るかもしれない」

私はそんな恐れを抱きながらも、白河まで来たのはなにかのめぐり合わせかもしれないと思って、じっと金子が出るのを待った。

「おー！　畠山さん！　お久しぶり！　元気？」

つながった！　しかもこちらが話しかける前にハリのある声が飛び出した。よかった。

「畠山さんには都知事選の時もその後も本当にお世話になりました！　ありがとうございました。え？　今どこにいるかって？　病院だよ！　大部屋に入院してんの！」

病院の大部屋で電話を受けているのに、あまりの元気の良さにこちらが驚く。私の心配をよそに金子は大声で話を続けた。

「入院っていっても、おれはまたすぐ退院するから！　近くに来た時はぜひ遊びに来てよ！」

「わかりました。じゃあ、5分後に行きます」

「え！　5分後？　今、どこにいるの」

「白河です」

「え！　そうなの！　そりゃあいい！　じゃあ、ぜひ来てよ！」

わかりました、と電話を切って病院に向かった。しかし、病院に入ったところでまた後悔した。電話ではすこぶる元気な声だったとはいえ、入院中である。実際にはすっかり弱っているかもしれない。もしそうだったら、私はなんと声をかければいいのだろうか。

一抹の不安を抱えながら病室を訪ねると、そこにはパジャマを着たすこぶる元気な様子の金子がベッドに座っていた。

「おー！　いいところに来た！　実は今日、新しいビデオカメラを買ったんだよ！　それをパソコンにつなごうと思ってるんだけど、うまくいかなくてさ」

金子は私にそう言うと、手にしていた携帯電話を耳に当て、電話の向こうの人となにやら話しはじめた。電話中だったのか。

「今、若い人が来たから頼んでみるよ。ちょっと待ってて」

そう言って携帯電話を耳から離すと、今度は私に話しかけた。

「ソフトのインストールとか、わかる？」

マニュアルがあればたぶん大丈夫だと答えると、金子は再び携帯電話を耳に当てて電話の向こうの人にこう告げた。

「たぶん大丈夫だって言ってるから、電話切るよ。またわかんなかったら電話するから」

金子が電話を切った後、私は誰と話していたのかを聞いた。くだけた口調から、てっきり友人知人の類かと思っていたが、電話の向こうはメーカーのサポート窓口の人だった。

私がメーカーの人より詳しいはずがない。責任重大だ。

「このビデオをパソコンにつなぎたいんだよね。畠山さん、ちょっとやってみてよ」

こちらが再会の挨拶をする前に、ソフトのインストールを見舞客に頼む。ものすごく元気だ。

「金子さん、再会の挨拶する前にビデオの話を振るって、どんだけ急いでるんですか（笑）」

私がようやくまともに口を開くと、金子はまたすぐにマシンガントークを始めた。

「ほら、お互い時間がないだろうから（笑）。畠山さんは仕事の途中でしょ。おれはおれで、死んでる暇ないくらいやることいっぱいで忙しいから」

病院のベッドで微笑む金子博氏

金子はジョークを飛ばして笑いながら、握手を求めてきた。金子の手は肉厚だ。その時の力強い握手の感触は、今でも覚えている。

ちなみに、金子がパソコンに取り込もうとしていた動画は金子の自撮り動画だった。そこには金子がかねてから温めていた低コスト地熱発電のアイデアを、1時間あまりにわたってプレゼンテーションする様子が映されていた。

「さっきまで病院のロビーに業者を5人ぐらい集めて、おれがプレゼンテーションしてたってわけ。三脚もビデオカメラも買ってこさせたばかりだから、まだパソコンにつなげていないんだよね。そこに畠山さんが来た。ちょうどいい！」

息子・芳尚は福島県知事選に

ソフトをインストールしながら金子と話していると、私は驚くべき事実を知らされた。

「畠山さんは福島県知事選の取材に来たの？　実は息子が今度の知事選に出るんだよ！」

金子の声は大部屋の病室でも大きかったが、この時ばかりは私も大声で「えええっ!?」と叫んでしまった。

「なんだ、知らなかったの?」

今回、白河市内で取材を予定していた立候補予定者の名前は、金子芳尚《よしなお》といった。住所も金子博の自宅に近かった。苗字も同じ「金子」だ。しかし、まさか都知事選に出た金子博の息子が、同じ年に行なわれる福島県知事選に出るとは思ってもみなかった。

「ひょっとしたら親戚かな、ぐらいには思っていたので知り合いかどうか聞こうとは思っていました。しかし、まさか息子さんとは」

突然告げられた事実に衝撃を受ける私に構うことなく、金子は声を張った。

「でも、息子はおれに選挙のことを一言も言わないし、応援に来いとも言わない。だからせめてこのプレゼンテーションの動画を息子に見せて、原発事故後の福島にぴったりな低コスト地熱発電のアイデアを教えたいんだ」

芳尚は博に選挙事務所の場所も一切知らせず、自身が経営する会社の社員も頼らず、たった一人で県知事選に立つと決めていた。

父親の博は、そうした芳尚を選挙戦が始まる前から心配していた。

「息子は一人で立つ、誰にも頼らないと決めているようだけど、選挙戦で演説や集会の前に候補者を紹介する時、やはり候補者をよく知る身内がやったほうがいいと思うんだ。それができるのは、おれしかいない。おれがやりたい。そのことを、この動画を持っていって息子に伝えてくれないか」

金子博は私にそう言った。

すでに福島県知事選を取材することを決めていた私は困った。これから選挙戦を取材するのに、特定の候補に肩入れするのは不公平だ。私は結果的に依頼を断った。ただ、芳尚の選挙事務所は公になっていたため、住所と電話番号だけは伝えることにした。

博の病室を出た後、私は福島県知事選の取材に入った。もちろん立候補している全候補に取材した。立候補を考え、実際には断念した人たちにも取材した。

ただ一つだけ、金子芳尚を取材した際の反省がある。私は思わず芳尚に、「お父上は選挙を手伝いたいとおっしゃっていましたが」と言ってしまったのだ。

その時、芳尚はたった一言だけ答えた。

「親子っていうのは、いろいろな思いがありますからね」

その後、博と芳尚の間でどのような話があったのかはわからない。会話はなかったのかもしれない。しかし、博が芳尚の選挙を手伝ったという事実は、私が取材した限りは摑めなかった。

亡き親父がくれた勇気

２０１５年5月13日の夜、私のもとに金子博の訃報が届いた。知らせてくれたのは息子の芳尚だ。

芳尚は２０１４年の福島県知事選に立候補し、候補者6人中4位の2万５５１６票で落選した。

「原発事故後、放射能の問題で暗い話題ばかりが先行している福島のイメージをなんとか明るいものにしたい」

「福島は円谷《つぶらや》プロの初代社長、円谷英二《えいじ》の故郷。福島空港を『福島ゴジラ空港』に改称して、全世界から観光に来てもらいたい」

芳尚は選挙戦でそう訴えた。供託金は没収されたが、最初から最後まで、福島県全域を少ないスタッフとともにくまなくまわり、選挙を戦った。

当初は「選挙に出るなら離婚する」と言っていた妻も、芳尚の孤軍奮闘ぶりを見かねて途中から街宣車に乗り込み、スタッフジャンパーを着て一緒に選挙を戦った。

白河市内で建設会社を営んでいる金子芳尚は、地元ではそれなりの名士だ。早稲田大学理工学部で建築を学んだ芳尚は、父親・博の会社を継ぐと経営を立て直し、白河商工会議所の役員も務めた。早稲田大学のOB組織である稲門会《とうもん》でも支部の役員を務めた。そして、「一市民として、地域＝国＝地球づくり」「地球全体の利益のために、地域から行動する」という理念のもとに、まちづくりのNPO活動も行なってきた。知事選に出るにあたり離党するまでは、自民党員でもあった。普通に考えれば過去に築いた人脈を使って組織的な選挙をすることも可能だったはずだ。しかし、芳尚はあえてそうはせず、無頼系独立候補として戦った。

「みんな義理やしがらみがある。私が表立って支援をお願いすれば、その人たちに迷惑がかかる。あくまでも個人的な支援をいただくことで当選したい」

芳尚はそんな思いで立候補していた。

ポスターも自分で貼った。それどころか遊説先で偶然行き合った同じ知事候補の伊関《いせき》明子《あきこ》と意気投合すると、伊関のポスターまで一緒に貼ってまわった。「お互い、ポスターが貼られていないところは貼り合ってがんばりましょう」と、エールの交換だけでなくポスターの交換をしていたのだ。組織のない候補者は、福島県内約7000ヵ所のポスター掲示場にポスターを貼ることすらままならない。金子芳尚と伊関明子はその労力を互いに補完し合い、有権者にこれだけの立候補者がいて、政策案があるのだと伝えようとした。それは既成政党が相乗りして推す「オール福島」候補への正々堂々たる戦いだった。

博の訃報を知らせる芳尚からの短いメールには、亡くなった日が5日前の5月8日であること、身内で密葬したこと、戒名が書かれていた。

「行雲博道居士」

私は博の人生についてはほとんど知らないが、その生き方や人柄がよくわかると思った。そして芳尚は最後に一言添えていた。

「見事な人生だったと思います」

訃報を受け、私は芳尚に博への追悼文を送った。それは博が都知事選でどんな戦いをしてきたか、私が見たままを綴ったものだ。

芳尚から返信が届いたのは数時間後だ。そこには私の追悼文に対する謝辞とともに、芳尚なりの思いが込められていた。

「追悼文、本当にありがとうございました。親父も本当に喜んでいると思います。医師に年明け早々までの寿命と言われていましたが、5月まで生きる事ができました。自分は親父が都知事選に出なければ、県知事選に出る勇気はなかったですし、余生で今の社会の課題を少しでも正して、次の世代に渡していくのが自分の役割と思っています」

博の存命中にはあまり多くを語らなかった芳尚だが、この時は父親についての思いを素直に綴っていた。

「実際の所、親父の奔放な数々の行動で親族はギクシャクしていました。葬儀でまた元に戻りつつあります、笑」

そして芳尚からのメールの最後には1枚の写真が添付されていた。

「P.S. 親父の亡くなる2日前、私の孫との写真を添付します」

そこにはベッドから半身を起こしながら、曽孫《ひまご》を抱いて嬉しそうに笑っている博の姿があった。

おわりに

選挙が終わると猛烈な孤独感に襲われる。世の中にはペットを亡くした時に淋《さび》しさを感じる「ペットロス」という言葉があるが、私には「選挙ロス」がやってくる。

私は選挙前、選挙中、投開票日にかけて、一人で複数の候補を追いかける。可能な限り全候補との接触を目指す。「スタンプラリーのようだ」と揶揄されようが、何周もする。すべての候補者の渾身《こんしん》の叫びを、自分の目に焼き付けたいからだ。

「主要」と呼ばれる候補者も「それ以外」と呼ばれる候補者も、例外なくキャラクターが濃い。本来は「それ以外」は存在せず、全員が「同じ候補者」だ。そんな候補者たちと投開票日というゴールに向けて濃密な時間を疾走する。あの高揚感は、まるで麻薬だ（使用したことはありませんが）。

選挙が終われば候補者たちに会いに行く理由は減る。候補者には「得票」という結果が残る。しかも、これまで取材していて「0票」という結果は一例以外見たことがない（2017年4月23日投開票、定数12の新潟県阿賀《あが》町議会議員選挙では、60歳の新人男性候補の得票が0票だった。候補者本人が投じた自分への1票も、判読できなかったなどの理由で無効票となった可能性が高い）。

ほとんどの場合、誰かが票を入れてくれる。その満足感は立候補した者だけが得られる特権だ。そして立候補する勇気を「2万パーセント」持てない私は、また一人、取り残される。

本書では、私の20年にわたる選挙取材の一部を振り返った。書いたシーンは今でも鮮やかなカラー映像で思い出せる。そこには自らの信念によって行動する、力強く前向きな人たちがいる。候補者の名前を思い出すだけでも、私の心身に力がみなぎる。

私はなんという宝物を贈ってもらったのだろう。

そんな候補者たちの輝ける生き様を、私一人が独占したまま死ぬのは申し訳ない。その気持ちが本書を最後まで書く原動力となった。


「あの候補者は今、どうしているだろうか」

私はここまで書き終えた２０１７年4月末、執筆の報告もかねて、かつての候補者たちにメールで連絡を取った。できればまた話を聞かせてほしい、と。

残念なことに、後藤輝樹からは取材を断るメールがきた。後藤の名誉のために書いておくが、無礼なところは一つもない。とても丁寧なメールだ。選挙の時からずっと、生身の後藤は非常に礼儀正しく律儀だった。メールを送ると必ず返事をくれる。

しかし、私には一つだけ気になっていたことがあった。２０１７年1月27日、後藤は自身のツイッターにこんな投稿をしていた。

「色々考えた結果、政治家目指すの止めます。今後は選挙も出ません。これからも好き勝手マイペースにやります。まぁあのー、必要としてくれてる人のために生きようかなくらい。ツイッターとかブログとかは普通にやります。輝樹クラブは、とりま継続、保留です」

あの孤独な戦いを続けてきた後藤が本当に政治家を目指すのをやめたのか。この点だけは確認したい。そう思った私は返信を重ねた。

「お返事ありがとうございます。もう選挙に出るおつもりはない、ということでしょうか。その点だけ確認させてください」

後藤はまたしても律儀にメールを返してくれた。

「はい。気が変わることもあるかもしれませんが」

都知事選でも「政策を考えるのが大好き」と言っていた中川暢三は、選挙後も忙しい日々を送っている。中川は都知事選後の２０１６年10月、一般社団法人新地域創生機構の理事長に就任した。私が近況を問うと、中川は早朝にメールを返してくれた。

「電話いただくなら、今日は目一杯ですし、夜はアパグループの勝兵塾《しょうへい》に呼ばれて小池都政の現況と今後について講演します」

翌日も1日ずっと会議が続くという。中川は都知事選後の活動を自身のフェイスブックで詳しく報告しているが、日本全国を飛び回っている様子が見て取れた。そしてメールでは今後の活動について、こう書いていた。

「次の首長選でも都知事選で掲げた独自の先駆的政策を実現しようと訴えていきます。私は何らかの縁があるところで、自分の政策と手腕を発揮できるところなら、活動の舞台（場所）にはこだわりません。そこが一般的な土着の政治家とは違うところです。信念と使命感から、私は、全国の有権者に対し『政策本位で考える賢い有権者になろう』という運動を展開しています。道程《みちのり》は遠いですが、カネや組織がなくても政策と覚悟と経営手腕のある者が互角に戦える選挙制度にしなければならないし、私のような者が選ばれる時代が来れば日本の政治は良くなると信じています。

公務員（大阪市北区長：筆者注）を辞めて丸3年になりますが、ガツガツせずとも食っていけるし、選挙にお金をかけないので政策提言活動を長く続けられています。次は、夏の兵庫県知事選挙に向けて頑張ります」

かつての候補者たちに一通りメールを送って一夜明けると、「カジノおじさん」こと五十嵐政一から電話があった。

「畠山しゃん、元気かね？」

意外だった。もう五十嵐とは連絡が取れないと思っていたからだ。

私は２０１６年の都知事選告示前、何度も五十嵐に電話をしていた。五十嵐が立候補に必要な書類を選管に取りに来ていたからだ。私は出馬の意思を確認するために連絡を取ろうとした。

しかし、五十嵐は私が何度かけても電話に出なかった。自宅の固定電話に電話をすると、「現在使われておりません」というアナウンスが流れた。五十嵐が理事長を務めている協会のホームページにアクセスすると、ページも閉じられていた。年齢のこともある。何かあったのか。

心配になった私は、２０１２年、２０１４年の都知事選で五十嵐の選挙を手伝っていたムラカミ氏の携帯電話に電話をかけた。

「お久しぶりです、畠山です。五十嵐さんに何かあったのでしょうか」

「あー、お久しぶり。なに、選挙の話？　今、五十嵐は大事なプロジェクトを抱えていて、周りとしては選挙に出られると困るんですよ。だから今、必死になって止めているところです」

「携帯電話にかけてもお出にならないし、メールを送っても返事がない。自宅の電話も不通でした。ひょっとして『何か』あったのではと心配していました」

「畠山さんと連絡取れないように電話止めてるの」

「まさか（笑）。でもご存命なんですね。一安心しました。で、五十嵐さんとお話しするには、どこに連絡すればいいですか」

ムラカミ氏は、うーん、と悩んでこう言った。

「畠山さんと話すと、本人興奮して選挙に出ちゃうから、連絡先は教えられないな〜。申し訳ないけど」

「私、一度も選挙に出るように勧めたことはないですよ！」

「それはわかってるけどさ、とにかく本当に大きなプロジェクトなの。選挙の日程とかぶってるから、選挙に出て仕事キャンセルされると困る。何人も関わってるからね。そういうことでご理解ください」

そんなことがあったのに、五十嵐から電話がかかってきた。どうしたのか。

「今日はカジノ建設のミーティングで前田建設工業株式会社に来とルのヨ」

五十嵐は上機嫌だった。

「これからオリンピックまでに日本国内に2ヵ所、カジノを作るのヨ。ただしぃ〜、私が関わるところでは、日本人はプレイできないの。日本人がプレイするとトラブルが必ず発生することは間違いないからネ。私はカジノを48年見てるからわかるんです」

２０１６年の都知事選に立候補しなかったのはなぜか。

「事前審査に行ったら今回20人以上だっていうからネ。そしたらゴミみたいなもんだから、話もできんわと家に戻ったわけ。あと、即マレーシアに行かなくちゃならない時でネ。まあ、また知事が問題起こして辞めたら、出ようかと（笑）」

電話が通じなかったのはなぜか。

「家に泥棒に入られて財布も持っていかれた。免許証からなにから全部よ。小切手も何もかも。それで電話も全部新しくしたの」

ついに日本でもカジノ（ＩＲ推進）法案が通ったが。

「うん。法案が通ったから、国のため、国民のためになるような選挙に出ようと。カジノといえば五十嵐さんだな、とネ。国会議員の選挙ヨ」

自身が院長を務める歯科・矯正クリニックがある銀座周辺での活動が中心だった岸本雅吉は、診療を終えた夜の電話で、

「知事選後も何の変化もありません。普通の歯科医師として、歯から都民、国民の健康を守る行動をしております。まあ、私のは簡単に書いといて」

と笑った。

岸本にとって、政治、選挙とはなんなのだろうか。

「政治とは、人々が善い社会で生活することを達成するために、社会に対して働きかけることです。また、何が善いことかという判断に関する議論を伴うものです。その原理に基づき、一人の人間として、また、歯科医師として働きかけました。選挙に参加して変えていこう、と。コツコツと伝え続けたいと思います」

政見放送で「収入はございません」と語った望月義彦もメールを返信してくれた。近況についてはツイッターで報告しているという。さっそく見てみると、日本国内にとどまらず、アメリカにも出かけ、見本市やセミナー、勉強会などに参加していることがわかった。そしてメールにはこんな記述があった。

「8月以降、地域（芝浦三・四丁目町会、芝浦アイランド自治会）の清掃活動および防犯パトロールに参加させて頂いております。『世界の地方』を創生するためのコンサルティング業務を提供できるように、日本、海外の各地を訪問しております」

今の収入はどうなっているのか。そのことを問うメールを送ると、翌日、返信があった。

「収入の件ですが、現在もございません。今後の選挙ですが、現在のところ未定です。支持してくれる方々から立候補の依頼があれば、その段階で検討させて頂ければと思っています」

立花孝志とも連絡が取れた。立花は２０１６年の都知事選の最中から、「次は２０１７年１月22日執行の大阪の茨木《いばらき》市議会議員選挙に出る」と言っていた。予告通り立候補した選挙では、１５３１票を獲得したものの落選。また、立花が代表を務める「ＮＨＫから国民を守る党」には所属地方議員が２人おり、勢力拡大を狙い、２０１７年３月26日執行の東京・小金井市議選にも党公認候補を一人立候補させていた。こちらも結果は落選となったが、次はどうするのか。

「２０１７年２月12日に東京に住民票を移しました。私は７月２日執行の東京都議選に定数４の葛飾区から出ます（東京都議選に立候補するには、告示日の３ヵ月前に東京都内に住民票を置く必要がある：筆者注）。都議選の次は、11月の葛飾区議選に出ます。これは２０１６年の都知事選の時から考えていたことなので、都知事選の時も新小岩駅前と小金井市を中心に回りました。もっと言うと、２０１９年７月の参議院選挙まで見越しています。参議院の全国比例で２％取る。そのために動いています」

立花の最終目標は何なのか。

「うちはＮＨＫを相手に戦っている裁判で３つ勝ちました。２０１６年８月に『ワンセグ』裁判（さいたま地裁）、２０１６年10月に『レオパレス』裁判（東京地裁）、２０１７年１月にはＮＨＫの放送だけが映らない機器『イラネッチケー』の裁判（東京地裁）

で勝ちました。『NHKからの被害者を全力で守る』という党の公約通りに動いています。そして、最終的な目標はただ一つ、『NHKをぶっ壊す！』です」

（『レオパレス』裁判は「テレビ付き賃貸物件の居住者にはNHKの受信料支払い義務がない」ことを求め、争ったもの。その後NHK側が控訴し、２０１７年5月に東京高裁で逆転敗訴。最高裁に上告したが、２０１８年8月29日、上告棄却で判決が確定した）

立花はかつてYouTuber（YouTubeの動画再生によって得られる広告収入を収入源とする人）と名乗っていたが、今の生活はどうしているのだろうか。

「YouTubeの収入が毎月30万円。全国からの寄付が月70万円。つまりジャーナリストとしての収入が月収１００万円です。ちゃんと税金も納めています」

東京都知事選落選後、小池百合子が主宰する「希望の塾」に入った山中雅明とも話した。山中は希望の塾1期生だが、２０１７年3月4日に卒業した。これからどうするのかと問いかけると、

「ドラマチックだぞ、おれは」

と笑う。話を聞くと、希望の塾で「面白い出会い」があったという。

「村議会議員選挙に8回当選したベテラン議員と知り合ったの。その人と一緒に東京大

改革を応援したいということで『希望のみらい・海援隊』というのを始めた。今は110人ぐらいメンバーが集まってきている。東京大改革から日本大改革へつなげたい」

希望の塾の塾生は、都民ファーストの会の公認が得られるかもしれないと言われていた。山中は茨城県古河市在住だが、都議選に関心があるのだろうか。

「選抜試験は『都議選対策講座』と『政策立案部会』の二つなんだけど、おれ、どっちも落ちちゃったんだよ（笑）。でも、これからも政治に関わることはやっていく。志を持った人が市議選とか県議選で出る時には応援したい」

山中本人は出ないのか。

「（東京都議選の被選挙権が得られる）3月22日までに、秘かに東京に住民票を移しちゃおっかな～と思ってたんだけどね（笑）。結局は今回の都議選挙への立候補をやめる判断をして、移しませんでした」

なぜ、「今回は」立候補を思いとどまったのか。

「私は現在の都民ファーストの会は、感覚的に好きではありません。ただ、都議選対策講座に合格した『希望の塾』の塾生からは、公認されて立候補する人たちがいるでしょう。自分の訴えたいことがあり、それが都民ファーストの会の意向に沿わないものであるとしても、同じ塾で学んだ塾生として今回はスタンドプレーをすることもないと考えたからです」

今後はどうするのか。

「まあ、2年半後には古河市議選もあるから。今後の事は、ゆっくり考えます!」

マック赤坂は今も渋谷ハチ公前で踊っている。定番の場所に銀座も加えた。そこでこれまでと同じように、恒久平和、うつ病自殺の問題を訴えている。最近は熱海でも踊るようになった。なぜ熱海なのか。

「熱海に別荘買ったんで、行く機会が増えた。土日はだいたい熱海におるんだけど、温泉入るしかやることないから駅前で訴えてる」

熱海でも恒久平和とうつ病自殺問題をアピールしているのか。

「いや、熱海は別荘税反対運動。2018年9月に熱海市長選挙もある。まあ、『マック赤坂、熱海市長選出馬に意欲を示す』って書いといてよ」

地道な政治運動も続けている。

「一つは傍聴席から都政を変えようというテーマで、都議会の傍聴に参加している。おれの他には高橋尚吾クンや宇都宮健児さんが来てるけど、負けた候補で傍聴席に来る人はあまりいないね。選挙が終わったら、『ハイそれまでヨ』という感じ。だけど、おれは続けてるよ。

都議会では、時々、傍聴席から大声出してるよ。3月20日に石原慎太郎が出てきた百条委員会ではシャウトして退場させられちゃったけど、あれはそうせざるをえなかった」

なぜシャウトしたのか。

「我々の代表者である都議会議員が腐っているのに我慢できなかった。納税者である我々が都政の主人公であり、石原さんを含め、議員たちは私たちのサーヴァント（召使い）ですよ。それなのに最初に質問に立った自民党の二人は石原さんを守ろうとした。そこで都民の気持ちを代弁して退場させられたんだから、後悔はしていない。また騒いで退場させられるかもしれんけどね」

（２０１７年6月1日に開かれた第二回東京都議会定例会初日。マック赤坂は小池百合子都知事の発言中、傍聴席から「公職にありながら特定候補の応援をしている！」と大声を上げて抗議。再び警備員に退場させられた。その際には、「退場するのは小池知事、あなただ！　スマイル！」とポーズを取りながら連れ出された）

今後も政治運動だけでなく、選挙にも出るのか。

「都議選も意欲は持っている。仮に都議になったら、都議会に入り込んで内部改革をできるのかな、と」

何度も選挙に負けて、落ち込んだりはしないのか。

「落ち込む時もあったけど、次の選挙があるから、それに向けて『がんばろう』という気になる。常に前向きな性格だし、モチベーションを保つためにも選挙に出るんだ」

当選して議員になったら、逆にモチベーションが下がるかもしれないのではないか。

「やれるところまでやる。モチベーションが下がったら、議員をやめて次の選挙に出たらいい」

私からのメールに最初に返信をくれたのは高橋尚吾だった。しかし、実際に話せたのは最後だった。

高橋は今、単発のアルバイトを転々としながら供託金のために借りたお金を返済中だ。この日も派遣の登録に行っていたため、話せたのは午後9時半を過ぎてからだった。派遣は条件のいいものを探して何件か登録しているという。

「借金は今も毎月返済しているところ。とても厳しい状況です。親戚から借りたお金は待ってもらっているけれども、月末の家賃も滞納して支払いが月初に遅れるような状況ですね」

高橋は都知事選後に出馬手記を書き上げ、コミケやインターネット上で販売している。価格は1000円。売れ行きはどうなのか。

「今のところ合計80部ぐらいです。残り4冊ですが、これが売り切れたら、次は完全版を作って発売したいと思っています」

借金をして立候補したことに、後悔はないのか。

「後悔はしていないです。することはありません。でもやっぱり、若い人たちのためにも、お金で足切りするような選挙システムには疑いを持っています。そこは変えていきたいなと思っています」

それは政治に関わり続けるということなのか。

「断言はできないですけど、都議選は検討中です。都議というのは本来、都知事を客観視するのが筋。でも、今はそうはなっていない。ただ、本当は都民から出てきた候補者を応援したかった。自分が立候補すると、応援する立場に回れない。どうしよう、と思っています。立候補して、ちゃんとしていない人たちの分までがんばるべきなのかな、とも思いますし……」

高橋が迷っているのは、お金の問題ではないという。私が「でも、自分が立候補するというのはすごい決断ですよね」と聞くと、高橋は即座に否定した。

「すごくないはずなんですけどね。立候補するのは、みんなが持つ権利なので」

そんな高橋が今の政治に対して一番言いたいことは何なのだろうか。

「政治家は責任感のかけらだけでもいいから持ってほしい。少子化をどんどん進めるような施策の結果、今後は年収300万円台の若者二人で一人の老人を支える社会になる。そして老人の10人に一人が認知症を患う。まさに地獄絵図です。今、手を打たなければならないのに、政治家はなぜそれに取り組まないのか。

一方で、有権者もなぜ立候補しないのか。民主主義とか選挙制度って、これまでの人たちが命をかけて得てきたものです。これを守り続けるためには、文句を言ってるだけじゃダメ。本当に本気で世の中を良くすることに取り組むんだったら、僕はこの命と引き換えにしてもいいと思っています」

高橋が電話をしている場所は、金曜日の夜、泥酔した若者たちが大声を上げている雑踏の中だった。浮かれる人波の中で、高橋はいたって真面目に日本社会の行く末を考えていた。

また選挙でお会いしましょう、と私が言うと、高橋は「はい」と力強く応えて電話を切った。

あとがき

「ノブレス・オブリージュ（noblesse oblige）」

　この言葉を初めて「音」として聞いたのは2002年。当時一緒に選挙取材をしていた大川興業の大川豊総裁が、長野県知事選挙に立候補した中川暢三氏を評した時のことだった。

　それから10年が経った2012年。私は再びこの言葉に出会った。場所は、これまで足を踏み入れたこともない赤坂のバー。当時の私は生活が本当に苦しく、財布に数百円しか入っていなかった。そんな私を励まそうと、私には縁遠い場所に連れて行ってくれた人がいたのだ。

　そこで案内されたカウンター席には、真鍮《しんちゅう》製のプレートが貼られていた。そこには「MAESTRO KAIKO's Memorial Seat.」の文字とともに「"Noblesse Oblige" 位高ければ、努め多し。」という言葉が刻まれていた。開高健《かいこうたけし》氏が好んで座った席だった。

　私はこの言葉に、今まで取材で出会ってきた数多くの無頼系独立候補の志を重ねて見てきた。そして「位」とは、生まれや資産の多寡とは関係のない「心の持ちよう」であると知った。

この本は、こうした無名の、そして「位」の高い、多くの人たちの助けでできたものだ。

まず何よりも、数々の選挙に挑んでこられた無頼系独立候補のみなさんに心からの敬意を表したい。そして、右も左もわからない大学生だった私に取材作法を教えてくれた游学社の遠藤眞彌《えんどうしんや》さん、多くの人との出会いの場をくれた集英社の山森利之《やまもりとしゆき》さん、扶桑社の大久保《おおくぼ》かおりさん、ニコニコ動画の七尾功さん、『BLOGOS』編集部の永田正行《ながたまさゆき》さん、『週刊プレイボーイ』編集部の歴代担当者のみなさん、メディアの垣根を越えてアドバイスをくれた先輩記者のみなさん、大川興業の大川豊総裁、本書の担当編集者の長谷川順《はせがわじゅん》さんにも御礼《おれい》を申し上げたい。

また、私がライター仕事だけでは生活が立ち行かなくなった時、「取材費の足しにして」と掃除や引っ越し、畑作り、データ入力、バーテンダー、エキストラなどのアルバイトを紹介してくれた方、食べ物や着る物を差し入れてくれた方、当座の借金を立て替えてくれた方、「社員にならないか」と声をかけてくれた方、「ライターをやめるな」と叱咤《しった》激励してくれた家族にも感謝したい。有名無名にかかわらず、私は本当に多くの人たちに助けられて生きてきた。

最後に、この本を終わりまで読んでくださったすべての方に感謝申し上げたい。本当にありがとうございました。
ちなみに私を赤坂のバーに連れて行ってくれた人は、４年後に選挙に出て私の取材対象となった。人の縁とは本当に不思議なものだ。そして、いつか御礼をしなければと思い続けているが、しばらくの間はそれはしないほうがよさそうだ。お許しを。

畠山　理仁

２０１７年10月

文庫版あとがき

立候補は大切な権利である。しかし、日本では実際にする人が少ないため、特別なことだと思われている。身近でない候補者は「別世界の人」と思われたり、時には「変人」だと蔑まれたりする。そんな彼・彼女たちを20年以上も追い続けてきた私は相当な変わり者だ。しかし、その私ですら選挙に立候補したことは一度もない。

いったい、日本ではどれくらいの人が被選挙権を行使しているのだろうか。

２０１７年に行われた衆議院議員総選挙では、被選挙権を持つ25歳以上の有権者のうち、立候補した人の割合は「約７万５千人に１人」だった。２０１９年の参議院議員通常選挙（被選挙権30歳以上）では「約25万人に１人」の計算だった。この数字を見れば、立候補した人はそれだけで「選ばれし者」といえるだろう。

有権者の多くは、選挙で選ばれるためのスタートラインに立たない。安全地帯にいるから、決して負けることはない。しかし、絶対に勝つこともできない。選挙に立候補しない有権者は、まず、この事実を強く認識したほうがよいだろう。

日本社会は、多様な人たちで構成されている。会社員、公務員、経営者、自営業者、正社員、非正規労働者、医師、弁護士、タレント、アスリート、定年退職者、学生、無職——。属性を文字にすれば味気ないが、誰もが社会の大切な構成員だ。そうした人たちの代表として法律や条例を制定し、税金の使い道を決めていくのが政治家だ。もし、選挙に誰も立候補しなければ、有権者は選択肢を失う。私たちはいつの間にかこの大原則を忘れ、候補者をあまりにも粗末に扱ってきたのではないだろうか。深刻な政治離れは、立候補を特別視する社会構造にも原因があると私は疑っている。

実際、政治家のなり手不足は深刻だ。２０１９年4月の統一地方選挙では、全国１２1町村長選のうち、全体の45・5％にあたる55町村が無投票当選だった。３７５町村議選では、93町村で９８８人が無投票当選を果たした。総定数に占める無投票の割合は23・3％で過去最高となり、８つの町村議選が定数割れとなった。「政治家を選べなくなる時代」は、すでに始まっている。

いま、私たちは収入の約4割を税金や社会保障費として納めているが、約半数の有権者が選挙権を行使していない。２０１７年総選挙の投票率は53・68％。２０１９年参院選の投票率は48・80％。政治と無関係な人は誰もいないはずなのに、多くの人が政治に無関心でいる。お金だけ払って自分の意見は表明せず、自分以外の多数派が決めた政治家に白紙委任状を渡している。当選した政治家にとって、こんなに都合のいいパトロンはいない。多くの人は大きな勘違いをしているが、「選挙に行かない」ことは、とても強烈な政治的行為である。

それでも投票率は低い。公益財団法人明るい選挙推進協会が行っている意識調査によれば、投票に行かなかった理由の上位には「選挙にあまり関心がなかったから」「仕事があったから」とともに「適当な候補者も政党もなかったから」が入っている。当然だと思う。日本は立候補のハードルを、物理的にも心理的にも高く上げてきたからだ。立候補を「普通ではない特殊なこと」と位置づけることで、多様な候補者が立候補しにくい社会を作ってきた。今起きている「なり手不足」や「低投票率」の問題は、政治を色眼鏡で見てきた過去の報いを受けているのだと私は思う。


本書を世に問うてから約2年が経ち、変化の兆しも見えている。私が追い続けてきた候補者たちが、ついに選挙で当選しはじめたのだ。

統一地方選挙の投開票日となった2019年4月21日の深夜には、私のスマートフォンにたくさんの「お祝い」メッセージが届いた。

「やっと当選したね！　おめでとう！」

「畠山くんに言うべきことなのかわからないけど、おめでとう！」

私自身は選挙に立候補していない。これは私が10年以上追い続けてきた無頼系独立候補、マック赤坂が初当選したことへの友人・知人からの祝辞である。

私の胸中は複雑だった。マック赤坂に対する思い入れが強いことは否定しないが、私は取材者であり、支援者ではない。彼の訴えが取り上げられないことを「もったいない」とは言い続けてきたが、記者の一線を超えて応援することはなかった。一貫して「すべてを決めるのは有権者」という立場を取ってきた私の心にさざ波を立てたのは、「本当に有権者はマック赤坂を評価して票を投じたのか」という素朴な疑問だった。

理由を簡単に述べる。初選挙以来、12年ぶりに港区議会議員選挙に再挑戦したマック赤坂は、選挙期間中、体調不良を理由にほとんど街頭で活動しなかった。告示日も選挙戦最終日も街頭に立たなかった。私が確認できた2回の活動も、演説にかつての力はなく、時間も短いものだった。誘導灯を持ったパフォーマンスもほとんどできない。有権者との記念撮影のために立つのがやっとで、多くの時間は座っていた。スマイルにも切れがない。彼の歩みは亀よりも遅く感じられ、彼が乗る高級車・マイバッハのトランクには車椅子が積み込まれていた。

そんな状態で現場にやってきたマックを見て、私は泣きたくなった。「そこまでしなくてもいいだろう」と思った。誠に不謹慎な話だが、私は「選挙中にマック赤坂は死んでしまうのではないか」とまで思い、本人や秘書にその危惧を伝えるほどだった。

そんなマック赤坂を当選させたのは、彼が12年間の政治活動で培ってきた知名度なのかもしれない。候補者の不在をカバーするために街頭に立ち続けた秘書や息子、スマイル党員らの熱心な応援演説だったのかもしれない。しかし、マック赤坂の特徴である奇抜なパフォーマンスを抜きにした当選は、極めて皮肉な結果に思えた。

私にとって唯一の救いだったのは、当選直後にマックの自宅に押しかけてインタビューをしたとき、彼が張りのある声でこう話したことだった。

「当選の報を聞いて元気になったよ！　やっぱりメンタルだよ！　メンタル！　メンタル大事！　スマイル！　オレはオレのやり方で当選した。後に続く人たちに迷惑をかけないよう、議会では大暴れする。パフォーマンスでの大暴れじゃなくて、いい意味での大暴れ。12年間、発揮したくても議席をもらえなくて発揮できなかった自分の実力を世の中のために使うよ。スマイル！」

同年7月の参議院議員選挙では、「NHKから国民を守る党（N国）」の党首である立花孝志が当選した。政党要件を満たさない政治団体が議席を獲得するのは、２００１年に非拘束名簿式が採用されて以来、初めてのことだ。N国は「全国で2%以上の得票」という政党要件を満たすことで、億単位の政党交付金を受け取る巨大な権利を手に入れた。

当選後の立花は「国会議員ユーチューバー」として、連日炎上を続けながら世間の注目を集めている。積極的に著名人に絡む動画をアップすることで、なりふり構わず話題を振りまいている。炎上すればするほどＹｏｕＴｕｂｅからの広告収入が跳ね上がり、党の知名度が上がることを立花はよく知っている。

知名度が上がれば選挙で一定の得票が見込める。特に地方議会議員の選挙では、２・５％ほどの得票率で当選できる。立花の言葉を借りれば、「40人のうち39人に嫌われても、１人に投票してもらえれば地方議会では楽々当選できる」というのだ。

立花はこの理論に沿って、地方選挙にＮ国からの候補者を出し続けた。その結果、同党所属の地方議員は30人を超えた。常識の枠を超えたワン・イシュー政党のＮ国は、現行選挙制度の枠内で「ＮＨＫへの憎悪感情」を最大限に利用している。数々の選挙データに基づいて構築されたＮ国の選挙戦術は、ＮＨＫにとっては〝悪夢の必勝法〟と言うよりほかないだろう。

いま、立花は「悪名は無名に勝る」「ヒール（悪役）であることはやめない」と公言してはばからない。「国会議員らしさなんて関係ない」とまで言う。一見、ＮＨＫとは関係なさそうなタレントへの攻撃も、「すべてはＮＨＫのスクランブル放送を実現するため」という〝大義〟を前に、支持者の多くは咎《とが》めない。そんなＮ国の幹事長には、２０１６年の都知事選、２０１９年の中央区長選に立候補して落選した上杉隆が就任した。世の中は不思議な縁でつながっている。

選挙は「投票して終わり」ではない。当選者が「特別職の公務員＝社会全体の奉仕者」としてふさわしい仕事をしているかどうか、有権者が監視していくことが必要だ。

私は現在も候補者たちの取材を続けている。取材をしていて、応援したくなる候補者に出会うこともある。強い憤りを感じることもある。しかし、私は有権者が必要とする情報を、できる限り冷静に、楽しい気持ちで届けていきたいと思っている。

私たちの代理、私たちの分身である政治家を育てるのは、有権者しかいない。だからこそ、私たち自身も選挙のたびに試されている。その意識を強く持たなければ、選挙が終わった後に「こんなはずではなかった」と後悔することになる。

そして、もし、あなたが「既存の選択肢」で満足できそうになかったら――。

その時は、あなたが持っている大切な権利＝被選挙権をぜひ思い出してほしい。実際に立候補しなくても、一度は真剣に「もし、自分が立候補したら」と想像を巡らせてほしい。その先には、きっと今までに見たことのない光景が広がるはずだ。

社会はあなたの力で変えられる。あなたの一票で変えないこともできる。民主主義という終わりのない物語の主人公は、あなた以外にいないのだ。

２０１９年10月

畠山　理仁

解　説

三浦英之

私は約二〇年間、現役の朝日新聞記者として取材活動に従事する傍ら、ルポライターとして主に書籍でノンフィクション作品を発表している。そんな私が数年に一度、「やられたっ」と思わず声に出してしまいそうになる優れたジャーナリズムの仕事や作品に出会うことがある。二〇一七年に刊行された畠山理仁氏の『黙殺　報じられない〝無頼系独立候補〟たちの戦い』（第一五回開高健ノンフィクション賞受賞作）はまさしくそんな作品だった。

最初に書籍を手に取ったとき、私は正直、この作品を「軽視」していた。

理由はサブタイトルにつけられた「報じられない」という謳《うた》い文句である。

電車の吊《つ》り広告やネットニュースなどに氾濫する「新聞やテレビでは決して報じられない『真実』——」。それらの多くは——あくまでも職業記者としての私の個人的な感想ではあるけれど——新聞やテレビといったマスメディアが報じる必要性のないものだったり、実際にはすでに報じられているのに「俺が考えているようには報じられていない」といった極めて利己的な見方だったりして、読んでもがっかりするだけの場合がほとんどであるように思えていた。

しかし、畠山氏の『黙殺』は違った。この本には確かに現在の新聞やテレビでは「報じられない」無数の事実が描かれている。新聞を読んだりテレビを見たりしているだけでは決して知り得ない、いくつもの物語で埋め尽くされているのだ。

私は本作品を読み始めてまず大笑いし（こんなに笑えるノンフィクションに私はこれまで出会ったことがない）、時に涙ぐみ、最後まで読み終わったとき、「民主主義とは一体何なのだろうか」と思わず深く考え込んでしまった。素直に敗北を認めざるを得なかった。そこに記されていた内容は、本来であれば、新聞やテレビといったマスメディアでこそ「報じられるべき」——民主主義の根幹に直結するようなものだったからである。

畠山氏は本作品の中で、多額の供託金を支払って——あるいは人生を賭けて——選挙に立候補しているにもかかわらず、決してマスメディアでは取り上げられることのない「泡沫《ほうまつ》候補」と呼ばれる立候補者たち（畠山氏はあえて彼らを「無頼系独立候補」と呼ぶ）の選挙戦を彼らと同じ目線に立ってリポートしている。あらかじめ負けることがわかっていながら、彼らはなぜ立候補し、何を訴え、いかに敗れ去っていったのか。畠山氏はそのヒューマンドラマの一部始終を——まるで五輪に挑む選手を見つめるスポーツライターのように——記録していく。

彼は問う。なぜマスメディアは彼らを報じないのか――。

畠山氏はその回答の一つとして、本作品中で次のような「朝日新聞社の見解」を例示している。

「私の問い合わせに対し、朝日新聞は広報部を通じて回答を寄せた。

『候補者の取り扱いについては、個人としての知名度や社会的な経歴、過去の選挙での実績などから総合的に判断しました。ニュース価値や紙面スペースの制約などから、候補者紹介や選挙情勢などの企画記事では、特定の候補者を取り上げたり、取り上げ方に差をつけたりすることがあります。候補者の取り上げ方の差については、公職選挙法148条の報道・評論の自由として裁判上も定着しています。ただ、選挙報道における公平・公正の観点から、候補者一覧など公報的な記事は一律平等に扱っています』」

もちろん、これらは一般論であり、あくまでも朝日新聞社が報道機関として回答した「表向き」の釈明に過ぎないだろう。その一方で、新聞社で約二〇年間、職業記者として働いてきた私であれば、あるいは――あくまでも個人的な見解としてではあるけれど――もう少し詳細な理由を具体的に語れるかもしれない。

なぜマスメディアは「報じられない」のか。

最大の理由は朝日新聞広報部も挙げている通り、マスメディアが抱える物理的な障壁だろう。新聞やテレビは紙面や放映時間が限られており、多くの議員が立候補する地方自治体の議員選挙などでは、すべての立候補者の訴えを紙面やニュース番組で取り上げることは事実上できない。立候補者数の比較的少ない国政選挙や地方自治体の首長選挙であっても、ニュースを発信する側からすれば、限られた紙面や放映時間の中でできるだけ読者や視聴者が投票する際に参考になるような情報を——つまり具体的には当選ラインに絡んできそうな立候補者の情報を——伝えたいという意識が働く。掲載制限のないネットであればすべての候補者の訴えを扱えるという意見もあるが、実際に候補者を取材して記事にする記者の数は限られており、現在マスメディアからネット配信されている記事の多くが一度新聞で掲載されたり、テレビのニュース番組で放映されたりしたものの「焼き写し」である以上、それらもやはり現実的ではあり得ない。

もう一つの理由は——これはいささか書きにくい事情だが——取材する記者の心理的な側面である。本作品で紹介されているマック赤坂氏を思い浮かべてもらえれば、あるいは読者にも想像して頂けるかもしれないが、畠山氏が「無頼系独立候補」と呼ぶ立候補者の中には時折、その行動や言説が常軌を逸しているように見える人が少なからず存在している。経験の浅い記者たちが彼らを直接取材した場合、「さすがにこれは無理だろう」と記事にすることをためらってしまうのだ。

私の具体的な経験を開示すれば、まだ駆け出しだった仙台勤務時代、仙台市長選である立候補者を取材したことがあった。その立候補者は「仙台市政の最大の問題である財政赤字を即座に解決する」と公約を掲げ、私がその具体的な解決策を質問すると、「仙台市は『杜の都《もりのみやこ》』と讃《たた》えられ、主要道路の両側には美しいケヤキの街路樹が生い茂っている。私はそのケヤキをすべて伐採し、材木屋に売る。大きな財政収入になるだろう」と真顔で述べた。さらに、「仙台市北部にあるスキー場のゲレンデを航空機用の滑走路に改造し、銀河鉄道９９９のように航空機が緩やかに坂を上って空に飛び立てる、そんな飛行機が発着しやすい便利な飛行場を作る」と豪語するので、私が「その飛行機でどこへ行くんですか」と尋ねると、その立候補者は「東京ディズニーランド」と言って大声で笑った——もう無茶苦茶である。

当時まだ駆け出しだった私は彼の政策を新聞紙面で記事化することはできなかった。今思い返してみても、やはり不可能である。私はこれまでずっとそれらの行為を——つまり特定の候補者の主張を取り上げなかった行為を——心のどこかで「当然だ」と自己肯定してきた。

その一方で、そんな一見無茶苦茶に見える立候補者たちの言動を、私とほぼ同年代の畠山氏は約二〇年間も追い続け、社会への訴求力を持つ一冊のノンフィクションへと仕上げた。刊行されたばかりの『黙殺』を読了したとき、私は自分がこれまで何度も目にしてきたはずなのに、実際には何も見てこなかった光景を目の前に突きつけられたような気がして、自分でも恥ずかしいくらいにうろたえた。そして、しばらく目を閉じて、こう思ったのだ。畠山氏と私を――あるいは私のようなマスメディアに所属する記者を――分け隔てたものは何だったのか、と。

私は畠山氏と直接的な交流を持たないが(一度だけ私の講演に足を運んでくれたことがある)、私たちの間には一点だけ――恐らく畠山氏の知り得ない――仕事上の「接点」がある。

その時(二〇一八年春)、私は東日本大震災で事故を起こした東京電力福島第一原発から約八キロ離れた福島県浪江町《なみえまち》で新聞配達をしていた。三年間に及んだアフリカ特派員を終えて福島総局に赴任した私は、多くのメディアによって取材し尽くされた原発被災地ではもう自分に書けることは何一つ残っていないと悩み、ならばまだ誰もやったことのない手法でこの原発被災地を描いてやろうと思い至った。当時、避難指示が解除されたばかりの浪江町にはたった一人で新聞配達を続ける三四歳の若き新聞販売所長がいた。私は彼を手伝う形で約半年間、真っ暗闇の町の中で新聞配達を続け、帰還の進まない原発被災地の実情を新聞紙上で連載した。

直後、予想もしなかった変化が起きた。新聞記者である私が町内で新聞配達をしながら取材を続けていることを聞きつけた浪江町の馬場有《ばばたもつ》町長(彼は長らく病床に伏して公務を休んでいた)が私を突如自宅へと招き、自らが末期ガンであると告白した上で、「後世に書き残して欲しい」と三日間・計六時間掛けて、震災直後の様子や東京電力とのやりとり、国や県などの対応の不備などについて詳細に語り遺したのである。彼が亡くなるわずか二カ月前の出来事だった。

その死の直前に行われた口述筆記のなかで、馬場町長はこれまで受けてきた取材の中でとりわけ印象に残っているジャーナリストの名前を数人挙げた。そのうちの一人が『黙殺』を世に出したばかりの畠山氏だった。彼は二〇一四年二月に雑誌のインタビューで浪江町を訪れ、馬場町長を取材していた。

「彼はインタビューのとても上手な方でしたね」と馬場町長は静かに言った。「まず人間性がいい。心がきれいというか、そういうのがにじみ出ていましたね。メディアで働く人の中では珍しい。だからこそ、私が読んでも『いいな』と思えるインタビューが雑誌に載ったことを覚えています」

やはりそうなのか、と馬場町長の言葉を聞いて私は思った。口述筆記を始める前に私は過去に彼に対して行われたすべてのインタビューに目を通したが、最も充実した内容を残していたのが畠山氏のインタビューだったからである。

その直後、今度は朝日新聞社が運営する「ＤＡＮＲＯ」というウェブサイトに、開高健ノンフィクション賞を受賞した畠山氏へのインタビュー記事が載った。

――ちょっと下世話な話なんですけど、開高健賞の賞金は３００万円だったとか。かなりの金額ですよね。

畠山：もう、びっくりびっくり。去年の収入を上回るくらいですよ。（中略）借金をしていたので、大半はその返済にあてました。

――やっぱり、フリーランスのライターを続けていくのは大変ですか？

畠山：収入面はとても大変ですね。僕はいま45歳で、大学2年の5月、20歳のときに編集プロダクションでライターの仕事を始めたんですが、（中略）いまは20代で、雑誌の仕事をしているフリーのライターって本当に少ない。

――（中略）就職しようと思ったことはないですか。

畠山：（中略）会社員になろうと思ったことが何度かあります。最初は、大手出版社から専属契約のライターにならないかと誘われました。妻に相談したら、「専属になるといままでお付き合いのあったところとの仕事ができなくなるから、やめたほうがいい」と言われました。フリーになってから支えてくれた人たちとサヨナラしないといけないし、仕事の幅も狭まってしまう、と。（中略）実は、子どもが2歳くらいになったときにも、ある出版社の人から「子どもが大きくなるとお金がかかるから、うちの社員にならないか」とありがたいお話をいただきました。「なんでも条件を飲むから」と言うので、思い切って年収1000万円超えの希望を出したら「いいよ」と言われて、「おー！」と思いました。社長さんとも面接して、来月から働くことになったところで妻に「どやっ」って話したら、「いますぐお断りしなさい」と。（中略）こんなにいい条件で、年金も払ってくれるし、保険もあると、僕は言ったんですが、妻は「呼んでもらえたのはすごくありがたいけど、会社組織だから、その人が異動とかでいなくなったらあんたどうするの」と言うわけです。

このインタビュー記事を読みながら、私は思わずため息をついてしまった。本棚の高いところに置いていた『黙殺』を再読しながら、私の予感はやがて確信へと変わっていった。

畠山氏が『黙殺』で描いていたのは、無名の立候補者たちだけではなかった。彼もまた自らの信念を貫きながら、この生きにくい世の中を少しでも変えようと命を鉋《かんな》のように削ってきた「無頼系独立候補」ではなかったか。被写体のモデルの瞳に時折、接写するカメラマンの姿が写り込んでいるように、この『黙殺』には確かに、筆者である畠山氏の姿が映り込んでいる。彼は二〇年間、そんな立候補者たちを追い続けることによって、彼自身の姿を描き続けてきたのではなかったか――。

小説が真実を描き、読んだ者の人生を変えていく可能性を秘めているとするならば、事実を記すノンフィクションは社会を変えていく力を持っている。『黙殺』の刊行により、私が身を置くマスメディアでも徐々に「泡沫候補」という呼び名を改めたり、なるべく多くの立候補者の訴えを取り上げるべきだとの声が聞かれたりするようになってきた。

ソーシャル・ネットワーキング・サービス（SNS）の急速な台頭により、ジャーナリズムの軸足が徐々に既存のマスメディアからしがらみに囚《とら》われない個々のフリーランス・ジャーナリストへと移りゆく中で、畠山氏は今、独自の立脚点とその視座により、この国の選挙報道には無くてはならない存在になっている。

畠山氏のような新しい書き手の登場は、私が所属するマスメディアにとってはあるいは脅威に映るかもしれない。でもそれは一方で、私のようなノンフィクションを愛する人間にとっては間違いなく、新しい可能性を予感させる、あまりにも心嬉《こころうれ》しいことなのである。

（みうら・ひでゆき　朝日新聞記者／ルポライター）

本書は、二〇一七年十一月、書き下ろし単行本として
集英社より刊行されました。

本文デザイン　鈴木成一デザイン室
写真　畠山理仁

集英社文庫

黙《もく》　殺《さつ》 報《ほう》じられない〝無《ぶ》頼《らい》系《けい》独《どく》立《りつ》候《こう》補《ほ》〟たちの戦《たたか》い

2019年11月25日　第1刷
2023年10月11日　第2刷

定価はカバーに表示してあります。

著　者　畠山理仁《はたけやまみちよし》

発行者　樋口尚也

発行所　株式会社 集英社
東京都千代田区一ツ橋2-5-10　〒101-8050
電話　【編集部】03-3230-6095
【読者係】03-3230-6080
【販売部】03-3230-6393（書店専用）

印　刷　大日本印刷株式会社

製　本　ナショナル製本協同組合

フォーマットデザイン　アリヤマデザインストア

マークデザイン　居山浩二

ISBN978-4-08-744049-2 C0195